itinéraires de découvertes

CHEMINS DE LA PRÉHISTOIRE EN PÉRIGORD

TEXTE
JEAN-LUC AUBARBIER ET MICHEL BINET

PHOTOS
JEAN-PIERRE BOUCHARD

Éditions Ouest-France

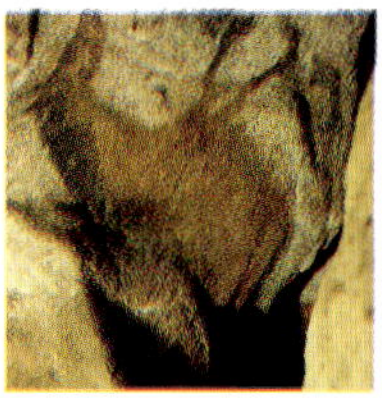

A u v i s i t e u r

De l'aube des premiers Homo sapiens *jusqu'à nos jours, en passant par l'Antiquité gallo-romaine et l'ère chrétienne, le Périgord est l'une des rares régions de la planète à présenter une histoire complète de l'humanité. Incontestable centre du monde préhistorique pour les périodes de 100 000 à 10 000 ans av. J.-C., il recèle plusieurs milliers de gisements et plus de la moitié des grottes ornées de France... un patrimoine essentiel de l'humanité. Les trouvailles récentes (Fronsac, Jovelle, Font-Bargeix) nous incitent à penser qu'il reste encore bien des merveilles à découvrir. Vous qui visitez le Périgord, qui sait si vos pas ne font pas résonner sous terre une grotte d'une incomparable beauté, encore supérieure à celle de Lascaux ?*

La Préhistoire est une science jeune. Les paysans, nouveaux exploitants des terres préhistoriques, les prêtres et les instituteurs, qui s'interrogeaient sur l'origine de l'Homme, ont fourni les premiers bataillons de préhistoriens. Aujourd'hui, ils ont laissé la place aux scientifiques et aux spéléologues, véritables spécialistes sur qui reposent les découvertes modernes. Le visiteur non accrédité doit donc s'interdire toute fouille sauvage, toute collecte de pierres, toute exploration hasardeuse, afin de ne pas mettre en péril un patrimoine unique de l'humanité. Possession personnelle de chaque être humain qui cherche ses origines, belle et émouvante, même pour le non-initié, la Préhistoire périgourdine est pour l'Homme un bien culturel, au même titre que les pyramides d'Égypte ou le Parthénon d'Athènes. Encore trop méconnue, la Préhistoire doit faire du Périgord un lieu de passage obligé pour chaque citoyen du monde, un pèlerinage lié au culte du savoir et de la beauté, au culte de l'éternité.

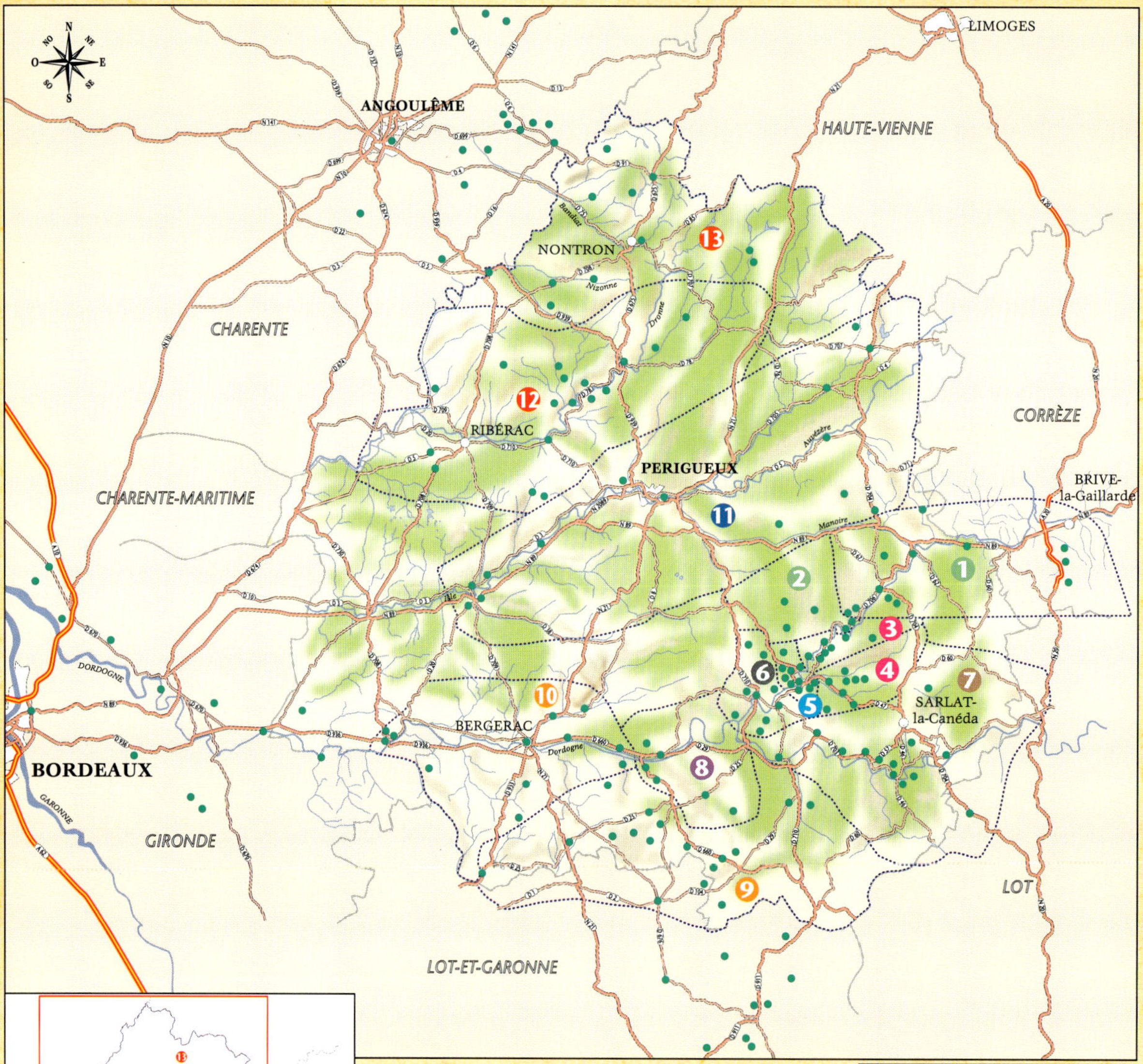

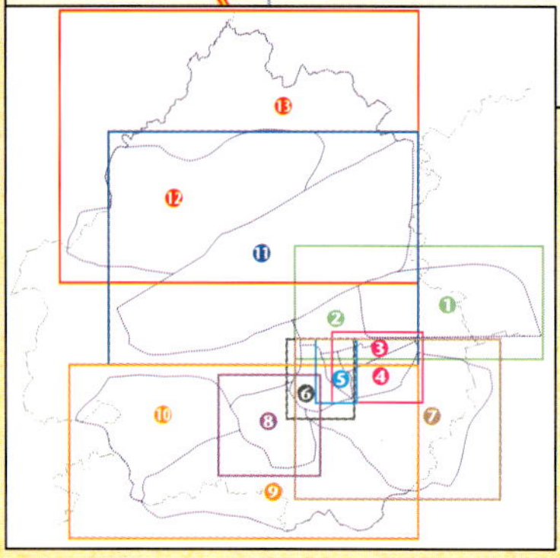

- Site préhistorique répertorié dans l'ouvrage
- Limite d'itinéraire décrit dans l'ouvrage
- ① n° d'itinéraire

0 5 10 km

Mode d'emploi de ce guide

- Recherche des informations concernant un site précis :

  ☞ voir index en fin d'ouvrage

- Recherche des sites d'une entité géographique ou organisation d'un circuit de visite ou découverte d'un des itinéraires proposés :

  ☞ voir table des matières en fin d'ouvrage ou carte générale ci-dessus

  ☞ voir ensuite la carte détaillée, les informations pratiques et le descriptif.

Aux Eyzies, la falaise dissimule la grotte à concrétions du Grand Roc.

Le Périgord préhistorique

Peut-on parler de Périgord préhistorique ? Bien sûr le département de la Dordogne, autrefois comté du Périgord, n'avait aucune existence légale à la Préhistoire. Toutefois, si l'on examine sur une carte la dispersion des sites préhistoriques en France et par le monde, on s'aperçoit vite que la zone Périgord recèle, pour les périodes de 100 000 à 10 000 ans av. J.-C., une extraordinaire quantité de grottes, d'abris et de gisements de première importance. La notion de Périgord préhistorique dépasse les frontières du département. Aussi traiterons-nous des sites charentais se trouvant entre Angoulême et le Périgord, de ceux de la région de Brive, en Corrèze, de Fumel, en Lot-et-Garonne, de Cougnac, dans le Lot, et des gisements situés sur les bords de la rivière Dordogne, en Gironde, entre Castillon-la-Bataille et Bordeaux. Une zone ainsi définie, qui ne dépasse pas de plus de 20 kilomètres les frontières de la Dordogne, montre quelque 100 grottes et abris ornés, sur les 173 que compte la France (23 pour la région voisine du Quercy, 27 pour la zone Pyrénées, 17 pour la région Rhône-Méditerranée).

Date	Période	Types humains	Outils	Art et religion		Industries
- 3,5 M. a - 2 M. a - 500 000 ans	Paléolithique inférieur	Australanthropiens Australopithèques Zinjanthropes	Galets aménagés			Abbevillien Acheuléen
- 250 000 - 100 000		Archanthropiens Pithecanthropes Sinanthropes Atlanthropes	feu domestiqué bifaces cabanes	cannibalisme (?)		
- 50 000 - 35 000	Paléolithique moyen	Paleanthropiens Néandertal Fontéchevade Swanscombe	pointes racloirs bifaces	utilisation de l'ocre collection de coquillages		Micoquien Moustérien
- 30 000 - 25 000 - 20 000 - 15 000 - 12 000	Paléolithique supérieur	(Homo Sapiens Sapiens) Combe-Capelle Cro-Magnon Grimaldi Chancelade	couteaux bifaces grattoirs sagaies burins feuille de laurier aiguilles à chas propulseurs harpons	bijoux en os et coquillages représentations féminines gravées Statuettes féminines gravures animalières développement de la peinture grandes réalisations de grottes ornées art mobilier	sépultures creusées en fosse, décorées d'objets	Chatelperronien Périgordien Aurignacien Gravettien Solutréen Magdalénien
- 9 000 - 8 000	Epipaléolithique		travail sur bois de cerf	fin de l'art pariétal		Azilien
- 7 000 - 5 000	Mésolithique	Néanthropiens (Homo Sapiens)	Microlithes Arc, pointe de flèche			Sauveterrien
- 3 000	Néolithique		Pierres polies Agriculture, élevage, défrichage, poterie		Dolmens et mégalithes *	Artenacien
- 2 000	Âge du cuivre (Chalcolithique)		Outils de cuivre Haches			
- 800	Âge du bronze		Outils de bronze (alliage de cuivre et d'étain)	Bijoux en or et en bronze		
- 50	Âge du fer		Outils de fer		Urne funéraire	

* Grottes sépulcrales collectives, trépanation

La Vézère près du grand abri de la Madeleine, à Tursac.

La Vézère, « vallée de l'Homme »

La Vézère débute son cours de 192 kilomètres de long sur le plateau de Millevaches. En Limousin, elle arrose Treignac et Uzerche, frôle Brive, où elle reçoit la Corrèze, avant de pénétrer en Périgord, à Terrasson. À partir de Montignac, où Lascaux la contemple de haut, elle s'engage dans la « voie royale de la Préhistoire ». Jusqu'à son confluent avec la Dordogne, à Limeuil, la beauté des sites – falaises déchirées surplombant la rivière, abris sous roche, forts troglodytiques, châteaux se mirant dans les eaux – concurrence l'extrême intérêt archéologique que constitue la concentration, unique au monde, de gisements préhistoriques (abris et grottes ornées) datant pour la plupart du Paléolithique moyen et supérieur (100 000 à 10 000 av. J.-C.). Ce circuit préhistorique, incontestablement le plus important et le plus beau de notre planète, a permis à la « vallée de l'Homme » d'être classée « patrimoine mondial » par l'Unesco. Cette précaution n'est pas exagérée. Qu'on en juge. Après Lascaux, la grotte magique, la Vézère glisse sous les châteaux de Losse et de Belcayre, jouxte le village templier de Sergeac et les gisements préhistoriques et troglodytiques de Castelmerle, arrose Saint-Léon et sa belle église, sépare le gisement du Moustier, éponyme du Moustérien, et l'immense forteresse troglodytique de La Roque-Saint-Christophe, reflète la falaise de la Madeleine, éponyme du Magdalénien, où la Préhistoire, le haut et le bas Moyen Âge se rejoignent. Vous croyez avoir tout vu... vous ne faites que commencer la visite. Voici Les Eyzies, capitale mondiale de la Préhistoire. L'infinité de ses gisements préhistoriques, la qualité de ses grottes ornées (Font-de-Gaume, les Combarelles, la Mouthe) et de son Musée National de la Préhistoire enchâssé dans un château, n'ont pour rivale que l'exceptionnelle beauté du site aux vastes falaises creusées d'abris sous roche. En aval des Eyzies, le cadre gagne encore en splendeur comme si la nature et le temps associés voulaient réduire l'être humain aux dimensions d'un épiphénomène.

La route bordée par la Vézère court sous les falaises aux abris prestigieux – Laugerie, Haute et Basse, Gorge d'Enfer –, percées de grottes naturelles (Grand-Roc, Carpe-Diem) ou artificielles (Roc de Tayac). Quelle vallée au monde peut rivaliser avec cette Vézère-là, sinon le Nil de la vallée des Rois ? Après Les Eyzies, il reste encore à découvrir, en sa compagnie, le château de Campagne, Le Bugue, avec ses grottes ornées de Saint-Cirq, de Bara-Bahau, et son gouffre de Proumeyssac. Enfin, la Vézère mêlera sagement ses eaux à celles de la Dordogne au pied du village perché de Limeuil.

Gorge d'Enfer, Les Eyzies.

Introduction

L'abri Lartet à Gorge d'Enfer (Les Eyzies).

Page de gauche : la Vézère, « vallée de l'Homme » : le panorama de la côte de Jor, près du Moustier.

Ce livre n'est pas un traité de Préhistoire. Il ne s'adresse donc pas au préhistorien confirmé, mais bien plus modestement au visiteur, amateur de Préhistoire, désireux de découvrir les richesses de la Dordogne.

Grâce à Boucher de Perthes et surtout à Darwin, nous savons aujourd'hui qu'il n'y a pas eu création spontanée. L'Homme n'est pas sorti *ex nihilo* d'un chapeau de magicien il y a 6 000 ans, comme on l'a longtemps cru. Il s'est développé à partir d'une forme de vie inférieure, et sa morphologie et son psychisme actuels sont le résultat d'un très long processus évolutif. L'évolution n'a pas suivi partout sur la planète, à chaque instant, le même rythme. L'homme de Néandertal ne s'est pas réveillé un beau matin transformé en Cro-Magnon. On ne peut donc parler d'évolution linéaire continue et tout schéma évolutif est incertain.

Malgré cela, la science préhistorique ainsi que toutes ses disciplines annexes et complémentaires nous ont permis de nous faire une idée plus exacte de nos ancêtres, de leurs morphologies, de leurs modes et de leurs cadres de vie. Une idée plus exacte, certes, mais non point définitive car si nous possédons des données irréfutables, le conditionnel reste malgré tout de rigueur en Préhistoire. Le préhistorien interprète les traces d'un passé irrémédiablement révolu et se doit d'être prudent dans la formulation de ses hypothèses. Que savons-nous de notre passé à l'heure actuelle ?

Un de nos plus lointains ancêtres, appelé Ramapithèque,

vivait il y a 14 millions d'années en Afrique. C'était un petit singe. C'est de lui qu'émergent les deux branches parallèles : l'une menant aux grands singes actuels ; l'autre à l'Homme. De 7 à 1 million d'années vivait en Afrique l'Australopithèque. Il se servait de galets et d'éclats de pierres. Était-il un homme, ou un pré-homme comme on le pense généralement ? Nous laisserons aux spécialistes le soin de l'infirmer ou de le confirmer, pour nous poser la question essentielle. À quelle époque peut-on réellement parler d'homme ? Le premier être qui mériterait ce qualificatif est l'Homo habilis. Il vécut il y a environ 2 millions d'années, principalement en Afrique. Contemporain de l'Australopithèque, dit robuste, cet homme habile possède sans aucun doute des tendances nettes à l'hominisation. De petite taille (1,50 mètre) et d'une capacité crânienne de 500 centimètres cubes, il se déplace debout. Il utilise l'outil (galets aménagés), ce qui lui permet de chasser, mais surtout il transmet à ses descendants l'expérience qu'il a acquise. Possède-t-il un langage articulé ? On ne peut ni l'affirmer ni le nier. Quoi qu'il en soit, il représente une étape essentielle entre l'Australopithèque et les Archanthropiens ou Homo erectus.

Ces « hommes debout » vivent pratiquement seuls sur la planète entre -1,5 million

d'années et -200 000 ans. On trouve trace d'*Homo erectus* un peu partout : à Java, au Maghreb, en Chine, en Afrique orientale. Il est bipède, mesure environ 1,50 mètre et son volume crânien peut dépasser les 1 000 centimètres cubes ; ses orbites sont surmontées de bourrelets osseux. Il vit près des rivières, dans des grottes ou des cabanes. Ses activités sont spécialisées. Son industrie est de type acheuléen (bifaces, racloirs). Il chasse et maîtrise le feu.

Les premières traces de foyers remontent à -600 000 ans. Les Archanthropiens sont nos ancêtres. Mais où, quand et comment s'est effectuée la transition avec l'homme moderne, nous ne le savons pas très bien. Par contre, vers -700 000 ans, on

Roc de Tayac (Les Eyzies).

remarque déjà en Europe des transformations qui mènent peu à peu aux Paléanthropiens, parmi lesquels l'homme de Néandertal. On le trouve partout dans l'Ancien Monde entre -100 000 et -35 000 ans. Il est petit (1,55 mètre) et massif. Son volume crânien est égal ou supérieur au nôtre. Le front est fuyant, les bourrelets osseux, au-dessus des orbites, sont toujours là, mais nous savons aujourd'hui que sa morphologie réelle se situe à mi-chemin entre la représentation bestiale qu'en donne la statue des Eyzies et la nôtre. Sa panoplie d'outils de type moustérien est très large : pointes, burins, grattoirs, bifaces, perçoirs... Il utilise encore très peu l'os mais il travaille vraisemblablement le bois.

Les Néandertaliens disparaissent vers -35 000 ans. Il semble bien que l'homme de Néandertal ne soit qu'un des cousins des Néanthropiens (*Homo sapiens sapiens*) dont l'homme de Cro-Magnon, de Combe-Capelle, de Grimaldi et de Chancelade sont les plus célèbres représentants. Apparu il y a 35 000 ans, cet homme, appelons-le « Cro-Magnon » pour simplifier, travaille principalement le bois de renne, l'os, l'ivoire. Son industrie lithique atteint une grande finesse. Le développement de son psychisme et ses besoins sociaux lui font créer l'art. Il grave, peint, sculpte. Ce sont ses descendants directs qui, à l'aube de l'Histoire, deviendront agriculteurs et qui, en 1969, marcheront sur la Lune.

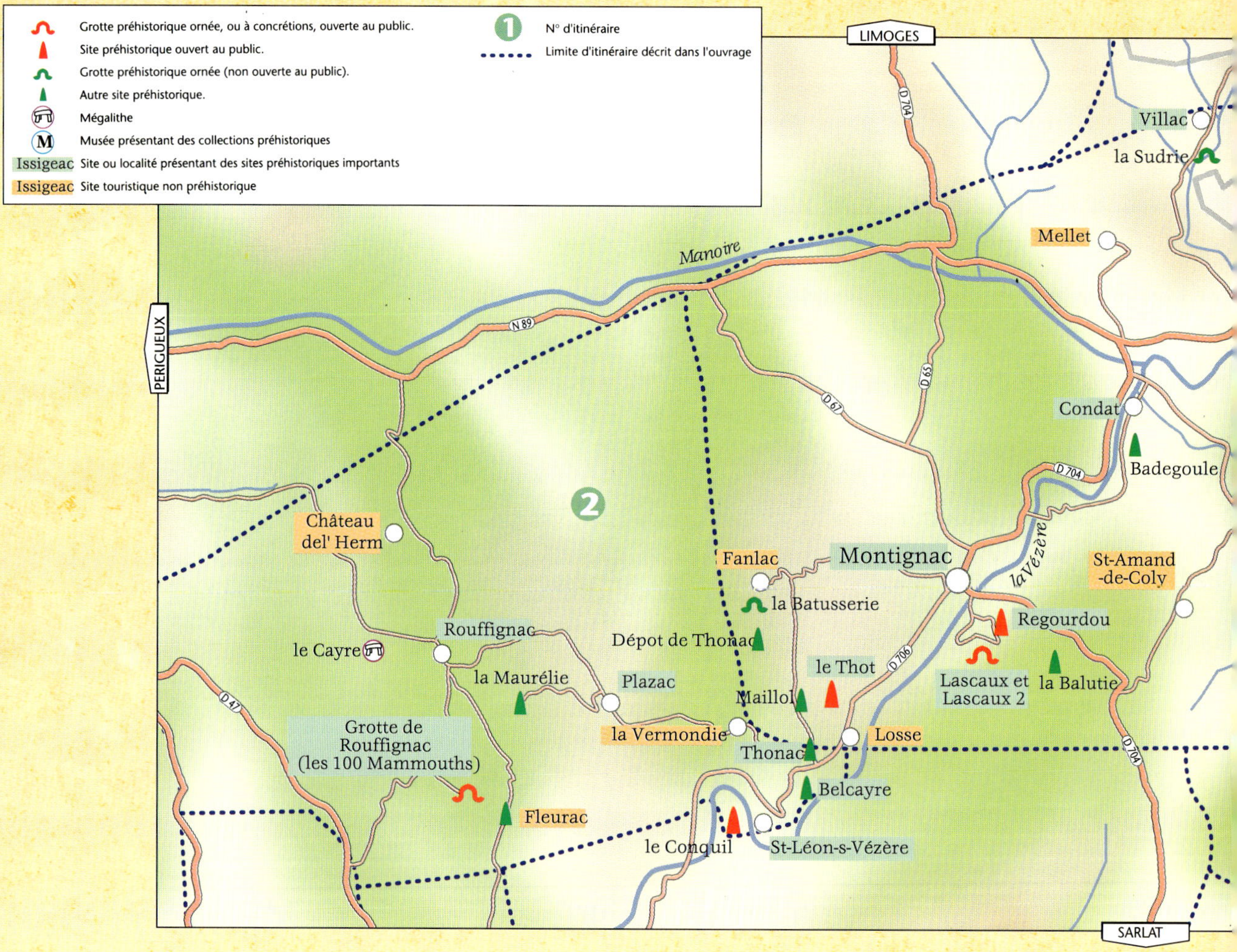

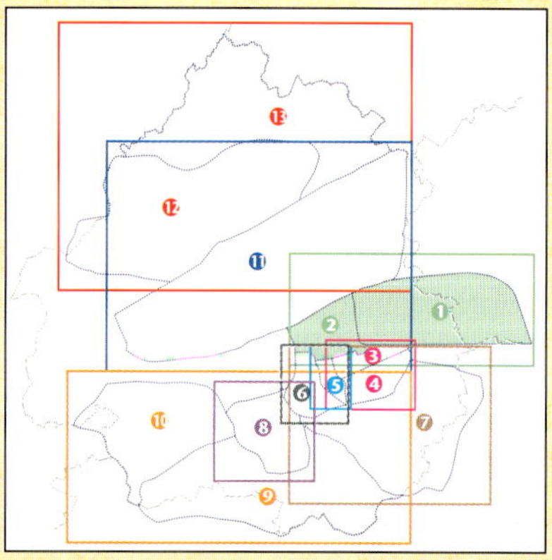

0 2 4 km

Cartographie ACTUAL - 03 25 71 20 20

Lascaux, Rouffignac, Saint-Léon-sur-Vézère

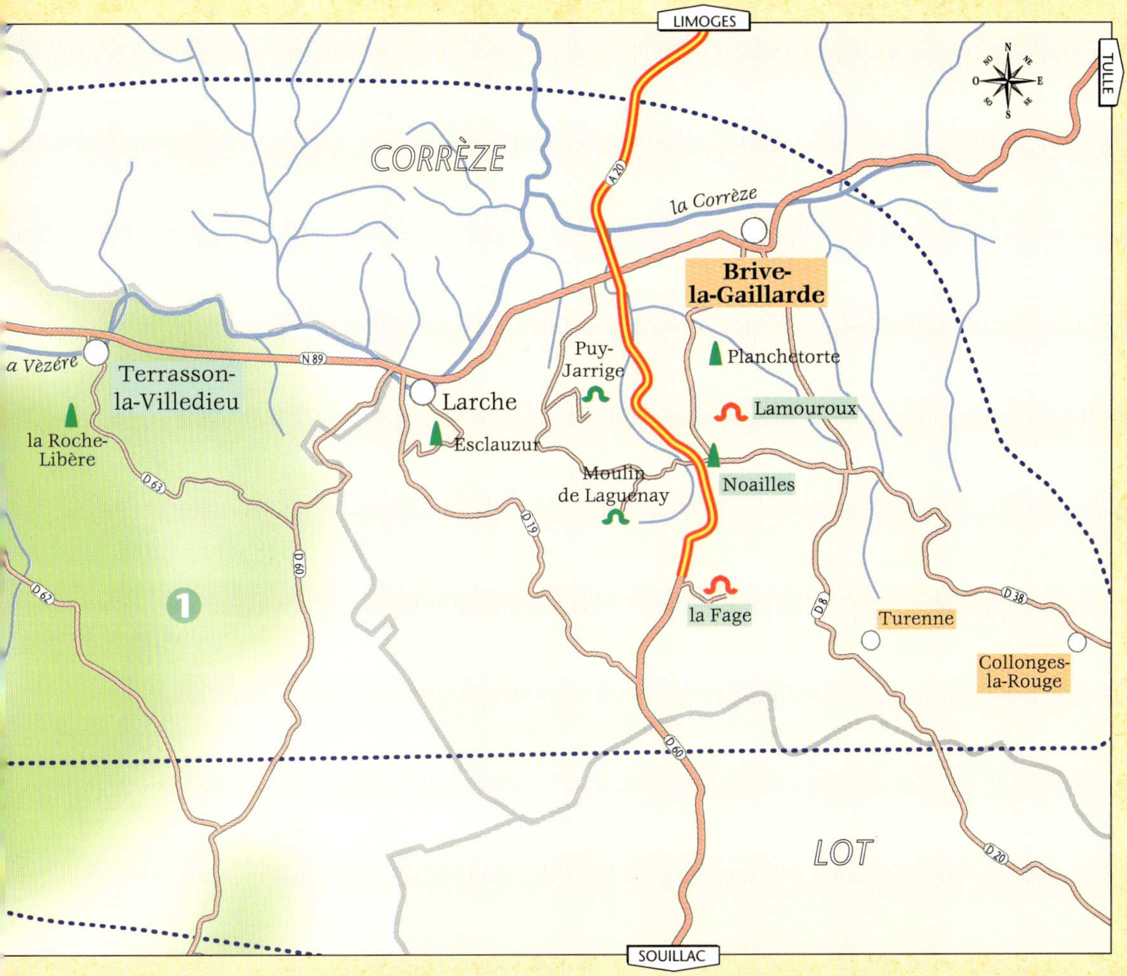

Sites ouverts à la visite autour de Montignac-Lascaux

Fac-similé de ***Lascaux II****, tél. : 05. 53. 51. 82. 60.*
Gisement du ***Régourdou****, tél. : 05. 53. 51. 81. 23.*
Centre d'art préhistorique du ***Thot****, tél. : 05. 53. 50. 70. 44.*
Gouffre de ***La Fage****, tél. : 05. 55. 85. 80. 35.*
ou 05. 55. 85. 81. 14.
Grottes de ***Lamouroux***
Musée Labenche, à ***Brive****, tél. : 05. 55. 24. 19. 05.*
Syndicat d'Initiative de ***Montignac,*** *tél. : 05. 53. 51. 83. 60.*
Office de Tourisme de ***Terrasson****, tél. : 05. 53. 50. 37. 56.*
Office de Tourisme de ***Brive****, tél. : 05. 55. 24. 08. 80.*

Les amateurs de marche suivront le GR 36 de Saint Léon sur Vézère à Montignac, par la Vermondie et le Thot, puis le GR 461 jusqu'à Lascaux. Ne pas manquer de visiter l'abbaye de Saint-Amand-de-Coly, le château de Losse, les villages de Fanlac, Turenne et Collonges-la-Rouge, les jardins de l'imaginaire, à Terrasson.

Sites ouverts à la visite entre Rouffignac et Saint-Léon-sur-Vézère

Grotte des ***Cent Mammouths****, tél. : 05. 53. 05. 41. 71.*
Site du ***Conquil****, tél. : 05. 53. 51. 29. 03.*
Syndicat d'Initiative de ***Rouffignac****,*
tél. : 05. 53. 05. 39. 03.

À visiter également : les châteaux de l'Herm et de Fleurac et le charmant village de Saint-Léon-sur-Vézère.

Autour de Montignac-Lascaux

Itinéraire 1

En suivant le cours de la Vézère, avant Lascaux : la Badegoule

C'est à Terrasson que la Vézère pénètre en Périgord. Au-dessus de la ville, le site de La Roche-Libère, qui s'étend sur 2 kilomètres, fut occupé aux temps préhistoriques. Cet immense oppidum de l'âge du bronze fut peuplé également aux époques gauloise et romaine. On y trouve des murailles de 2 mètres d'épaisseur, des huttes de pierre, la base d'une tour, un cirque naturel qui fit peut-être fonction d'arènes. On pourrait penser qu'il s'agit d'une des plus vieilles villes d'Europe.

À Terrasson, l'abri Lachaud a livré des outils datant de la fin du Solutréen et du Magdalénien. L'abri Jolivet, découvert en 1927, présente les principales phases du Magdalénien. Près de Condat, les trois abris sous roche de Badegoule, fouillés dès 1884 par Jouannet, puis par Peyrony, renferment un important gisement solutréen. Parmi le nombreux outillage, figuraient de très beaux silex en « feuilles de laurier ». La présence d'outils datant du Magdalénien ancien a permis d'isoler une phase différente : le Badegoulien (env. 16 000 ans av. J.-C.). Le site voisin de la Machonie date de l'Aurignacien.

Plus au nord, à Villac, la grotte de la Sudrie montre trois gravures, dont celle d'une biche, réalisées entre le Périgordien et le Magdalénien ancien.

Le président Mitterrand à Lascaux pour la commémoration du cinquantenaire de la découverte de la grotte.

Tournage en Périgord Noir du film de Maurice Bunio Les Enfants de Lascaux.
En haut, l'abbé Breuil et l'instituteur Laval devant l'entrée de la grotte et en bas la séquence pendant laquelle l'abbé Breuil, en compagnie de l'instituteur et des enfants découvreurs, inaugure Lascaux à l'automne 1940.

Le discours de François Mitterrand à Lascaux lors de la commémoration en 1990.

Incursion en Corrèze, de Turenne à Brive

En Corrèze, entre Turenne et Brive, la grotte de Noailles a livré un type de burin caractéristique du Périgordien supérieur. Au sud de Noailles, le gouffre de La Fage, avec ses belles concrétions colorées, est ouvert à la visite. Il recèle des restes préhistoriques datant du Chalcolithique et de l'époque de Hallstat, ainsi qu'un musée de paléontologie. Au nord de Noailles, on verra les grottes de Lamouroux, vaste village troglodytique qui étage 80 pièces sur cinq niveaux, déjà occupé à l'époque préhistorique. Plus au nord, les grottes de Saint-Antoine sont de même nature. Les grottes ornées du Puy-Jarrige, à Brive, et du moulin de Laguenay, à Chasteaux, ne sont pas ouvertes au public. Brive présente un ensemble important de grottes. Celles de Dufour, du Bos-del-Ser, de Bassaler et de Font-Yves montrent la transition entre Châtelperronien et Aurignacien, celle de la Font Robert a livré des pointes caractéristiques. Plus à l'est, le site du Pré-Aubert, la grotte de Coumba-del-Bouïtou et l'abri du Raysse sont caractérisés par le burin de Noailles, tout comme la grotte d'Esclauzur, à Larche, où l'on a également trouvé de belles sagaies magdaléniennes. À Malemort, l'étude de la grotte du Puy-de-Lacan fut importante pour la connaissance du Magdalénien.

Les vrais découvreurs de Lascaux, lors de la commémoration, à Montignac, du cinquantenaire de l'inauguration de la grotte.

Lascaux, école de l'esprit humain

L'artiste préhistorique.
Préhistoparc de Tursac.

Petite ville de 3 000 habitants, sur les bords de la Vézère, Montignac doit son renom à la découverte, en 1940, de la huitième merveille du monde, la grotte de Lascaux. Isolée, à l'écart des grands centres de populations paléolithiques, tels que Les Eyzies ou Castelmerle, située à quelques kilomètres de Montignac, elle évoque les splendeurs mystiques de la cathédrale de Chartres, éloignée des bruits de la capitale.

Sa découverte fortuite ressemble à un conte. Le 12 septembre 1940, quatre jeunes garçons décident d'explorer une cavité où était tombé leur chien, sur la colline de Lascaux. Une légende racontait qu'un souterrain où dormait un trésor reliait cet endroit au château de Montignac. Marcel Ravidat, Jacques Marsal, C. Agniel et S. Coencas trouvèrent en effet un trésor : la grotte de Lascaux, la plus belle des grottes ornées préhistoriques. L'âge de Lascaux fut longtemps l'objet d'une querelle d'experts. Les préhistoriens s'accordent maintenant pour situer la réalisation des peintures au début du Magdalénien, soit environ entre 16 000 et 15 000 ans av. J.-C.

Pénétrons maintenant dans le sanctuaire. Le premier pas dans la grande salle des taureaux est saisissant. Une ronde d'animaux se met en mouvement, quatre grands taureaux dominent une fuite de chevaux et de cerfs. Tous ces animaux semblent bouger à mesure que l'on avance dans la salle. Les artistes préhistoriques les ont concentrés sur une ligne de sol imaginaire, à mi-hauteur de la paroi, et ont tiré parti de chaque relief du rocher. Telle cheminée de calcite donne vie à un regard de cerf, telle bosse dessine un dos, un ventre, fait saillir les muscles d'un poitrail.

La première peinture de la salle nous interroge déjà : peau de panthère, queue de cerf, bosse de bison, deux cornes, c'est la fameuse licorne, à la fois gravide et dotée d'un sexe mâle. Est-ce un animal imaginaire ou bien, comme l'avancent prudemment certains préhistoriens, est-ce le « sorcier » de Lascaux, ce que semblent confirmer des jambes humaines et un visage où il suffit de

La palette préhistorique

Les artistes du Paléolithique ont trouvé dans le sous-sol de la grotte les trois couleurs fondamentales de la palette préhistorique : le bioxyde de manganèse pour le noir, et des oxydes ferreux pour les ocres jaunes et rouges, d'où ils tiraient diverses nuances. Les fouilles ont permis de retrouver leur système d'éclairage : une centaine de lampes à graisse en pierre. Trois techniques de peinture étaient utilisées : le trait, au doigt ou au crayon, le tamponnage au moyen de touffes de poils ou de mousse, et la pulvérisation de colorant à travers un os creux ou une sarbacane permettant de travailler au pochoir ou directement sur la pierre.

« Crayons de couleur » du Paléolithique.
Musée National de la Préhistoire des Eyzies.

Lascaux II :
paroi gauche de la grande salle des taureaux.
2e taureau.

Lascaux II :
la tête du grand taureau, vieux de 17 000 ans av. J.-C. et long de 5,5 m, la plus grande peinture préhistorique connue, et emblème du Périgord.

Lascaux II :
vache rouge à tête noire.

supprimer le mufle surajouté ? N'oublions pas qu'en Préhistoire, toute explication n'est jamais qu'hypothèse. Il faut nous arrêter sur ces quatre taureaux. Ce sont, en fait, des aurochs dont la race a disparu de France au Moyen Âge. Ces peintures immenses, l'une d'elles mesure 5,50 mètres, confèrent à la salle une impression de vie, de puissance. Cette « présence » est rendue grâce à la perspective tordue, effet artistique qui présente les animaux de profil et leurs cornes de trois quarts. Cette technique, utilisée tout au long du Paléolithique supérieur, ne relève pas de l'incompétence des artistes mais bien au contraire, démontre leur grande aptitude à représenter la vie.

En face de l'entrée s'ouvre un étroit boyau, le diverticule axial, où se trouvent les plus belles peintures de la grotte et le plafond peint qui lui a valu le surnom, donné par l'abbé Breuil, de « chapelle Sixtine de la Préhistoire ». Ici les peintres n'ont pas cherché systématiquement le réalisme mais ont créé de véritables compositions tel ce « bouquet » de vaches rouges dont les têtes forment un cercle. Les deux principales figures du couloir se font face : un puissant taureau noir qui rappelle l'art cré-

Lascaux II : le plafond du diverticule et son « bouquet » de vaches rouges. La « chapelle Sixtine » de la Préhistoire.

Lascaux II : chevaux dans le diverticule, paroi droite.

Lascaux II : la licorne (longueur 2,4 m) sur la paroi gauche de la salle des taureaux.

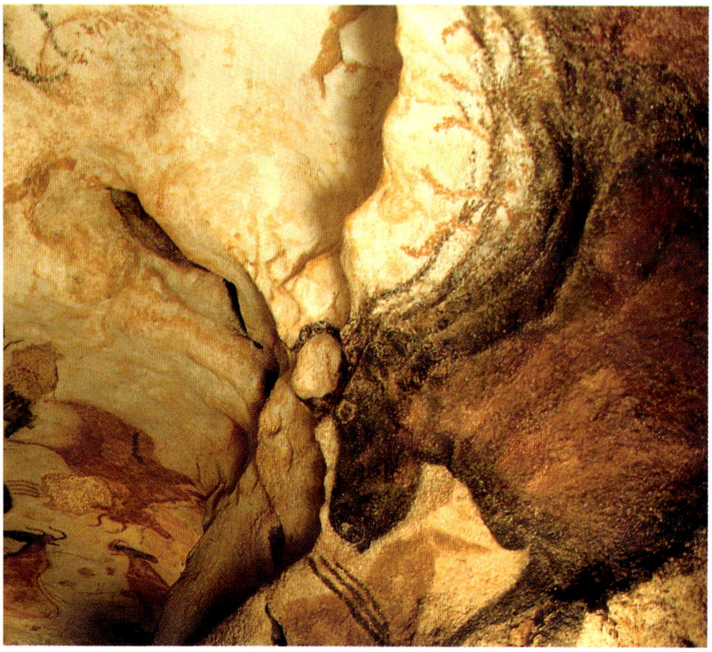

Lascaux II : diverticule axial : taureau « crétois ».

Lascaux II : cheval « chinois ».

tois et une vache qui semble sauter devant une grille tracée à ses pieds.

Le cheval est présent sous diverses formes. Le célèbre cheval « chinois », stylisé, nous permet de mieux apprécier la technique des artistes. Le ventre, partiellement recouvert d'ocre, s'arrondit. Au second plan, les pattes, détachées du corps, créent un effet de perspective. Cette technique ne sera redécouverte qu'à la Renaissance. Au fond du diverticule, un cheval très réaliste galope crinière au vent, tandis que son jumeau, ou son double, tombe les pattes en l'air. Il s'agit peut-être là d'une scène de chasse où les chevaux, effrayés par les hommes, se précipitent du haut d'une falaise.

En revenant dans la grande salle et en prenant un deuxième couloir à gauche, on atteint la nef, vaste cavité dont les peintures ont subi, plus qu'ailleurs,

Lascaux II : chevaux chinois : paroi droite du diverticule.

les outrages du temps. Une grande vache noire domine la scène de sa masse, deux bisons, remarquables par leur densité sauvage et leur fureur aveugle, s'enfuient comme surpris par le regard du visiteur.

À l'opposé, une frise de cinq cerfs qui semblent nager offre une image d'une grande douceur. Un couloir, d'accès difficile, conduit à un petit cabinet comportant plusieurs gravures, notamment de félins. Enfin, un renfoncement de la nef, l'abside, aux parois recouvertes d'un fouillis de gravures, s'ouvre sur un puits. Quatre mètres plus bas, ce puits nous réserve une autre énigme : quel sens attribuer à ce bison blessé perdant ses entrailles, à ce rhinocéros, à cet oiseau perché sur un bâton et à cet homme nu, ithyphallique, dessiné de manière enfantine ?

Lascaux II : « cheval tombant » et petite tête de cheval au fond du diverticule.

Lascaux II : paroi gauche de la grande salle : frise de petits cerfs.

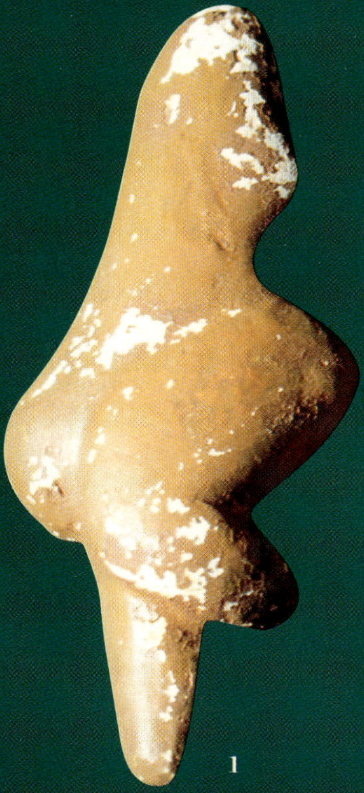

1

2

Les mystérieuses représentations humaines

Les représentations humaines sont toujours difformes. Les images masculines sont la plupart du temps d'une facture volontairement maladroite et présentent parfois un caractère mi-humain, mi-animal. Les représentations féminines, les plus fréquentes, sont souvent des statuettes obèses, aux seins et aux hanches énormes, ce que l'on a interprété comme symboles de fécondité. Elles sont généralement très anciennes (- 25 000 ans), et sont désignées sous le vocable générique de « Vénus ».

3

4

5

1 - Moulage de la « Vénus de Tursac », statuette en calcite (8,1 x 3,9 cm) trouvée dans l'abri du Facteur. Date peut-être du Périgordien supérieur. Musée National de la Préhistoire des Eyzies.

2 - Moulage de la « Vénus Impudique », statuette en ivoire de mammouth (8 cm) découverte à Laugerie-Basse, aux Eyzies. Datation imprécise (époque magdalénienne). Ce fut la première statuette préhistorique découverte en France (1864).
Photo J.-G. Marcillaud.

3 - Tête de bison et silhouettes humaines gravées sur un fragment de côte de grand herbivore, dit « plaquette au bison » de Raymonden, Magdalénien supérieur. Musée du Périgord, Périgueux.

4 - Moulage de la « Vénus de Sireuil », statuette en calcite (9,2 x 5 cm) trouvée dans la grotte de Sireuil. Périgordien. Musée National de la Préhistoire des Eyzies.

5 - Moulage de la Vénus découverte en 1958 dans l'abri Pataud. Périgordien final ou Périgordien VI. Musée National de la Préhistoire des Eyzies.

Lascaux II : tête de cerf sur la paroi droite du diverticule axial.

L'art préhistorique

Cet ensemble célèbre nous amène à réfléchir sur la signification de l'art pariétal apparu vraisemblablement à l'Aurignacien, 30 000 ans av. J.-C., à l'époque où l'homme de Cro-Magron « succède » à l'homme de Néandertal. Des origines jusqu'à la décadence de l'art à la fin du Magdalénien, 9 000 ans av. J.-C., les artistes ont reconduit les mêmes thèmes sur une aire géographique stable, de l'Oural à l'Atlantique. Avec les grottes ornées du sud-ouest de la France et du nord-ouest de l'Espagne, ils atteignent l'apogée de leur art entre 18 000 et 10 000 ans av. J.-C. On peut alors parler d'une véritable civilisation préhistorique dont on ignore si elle avait la moindre unité politique ou sociale, mais qui utilisait une même technique, la pierre taillée, une même culture et, probablement, une même religion.

Le Périgord était le centre de ce monde préhistorique, c'est pourquoi on peut dire que si l'Afrique est le berceau de l'humanité, le Périgord est le lieu de naissance de l'art. L'homme de Cro-Magnon et ses successeurs ne sont en rien les brutes vêtues de peaux de bêtes, telles qu'on les imagine souvent. Ce sont des hommes à part entière, en rien inférieurs à l'homme d'aujourd'hui.

Les peintures préhistoriques resteront un mystère. Les premiers préhistoriens, s'appuyant sur l'exemple des primitifs actuels, ont parlé de rites liés à la chasse ou à la fécondité. André Leroi-Gourhan, dans son livre *Les Religions de la Préhistoire* (P.U.F.), constate que les peintures sont statistiquement toujours disposées dans le même ordre et conclut qu'il s'agit d'une sorte de message élaboré à partir de symboles mâles et femelles, que l'on ne peut traduire. Le fait que les dessins soient souvent situés au fond des grottes ou au bord des gouffres permet d'avancer l'hypothèse d'une religion de la terre, mère de toute vie. L'étude symbolique de l'art préhistorique reste à faire.

Nous pouvons simplement conclure que l'émotion qui nous envahit face à ces parois ornées, l'homme préhistorique a dû, lui aussi, la ressentir. Par notre sensibilité, nous sommes très proches de lui.

Lascaux II, un chef-d'œuvre préhistorique du XXe siècle

Préservé miraculeusement par une chape de marne totalement imperméable, Lascaux fut doublement frappée par la maladie apportée de l'extérieur par les visiteurs : tout d'abord, la « lèpre verte », une prolifération d'algues, puis la « maladie blanche », une formation accélérée de calcite. En 1963, la grotte est fermée. Soignée comme un grand malade, elle a aujourd'hui retrouvé son éclat mais ne peut plus, sans risquer la rechute, ouvrir ses portes au public.

Il fallut dix ans de travail pour réaliser Lascaux II, un fac-similé, à l'initiative de la Régie départementale du tourisme, en liaison avec le conseil général de la Dordogne,

Lascaux II :
frise des petits chevaux, diverticule, paroi droite.

Lascaux II :
aurochs rouge, grande salle, paroi droite.

Le site du Régourdou, à Montignac.

En haut, à droite : l'ours du Régourdou.

Daniel Debaye étant directeur des travaux et de nombreux artistes participant à cette opération. Grâce à l'ordinateur, la grotte fut reconstruite, au millimètre près, par Renaud Sanson, coordinateur des volumes. Les peintures, réalisées à l'aide de colorants naturels et selon les techniques préhistoriques, furent l'œuvre de Monique Peytral. Le fac-similé est un chef-d'œuvre en lui-même. En effet, seul un spécialiste pourrait affirmer qu'il ne se trouve pas dans la véritable grotte. Le sas d'entrée est transformé en musée. Même si seuls la grande salle et le diverticule axial ont été reconstitués, ne manquez pas la visite de la plus belle grotte ornée préhistorique connue à ce jour.

Le Régourdou et le culte de l'ours

Situé à quelques centaines de mètres de Lascaux, mais 55 000 ans en arrière, le gisement du Régourdou, ouvert à la visite, pose de nombreux problèmes aux préhistoriens. En cherchant une autre entrée à Lascaux, Roger Constant a découvert, dans une tombe entourée de murs en pierres sèches, un squelette de Néandertalien et une très grande quantité d'ossements d'ours. Cette découverte, en 1954, a permis d'élaborer la théorie, parfois controversée, du culte de l'ours, au Moustérien. Un petit musée est installé sur le site. Sur le versant opposé, se trouve la grotte de la Balutie, occupée de l'Aurignacien au Magdalénien.

En page de droite :
En haut : Le Thot, habitat préhistorique reconstitué.

En bas, à gauche : Le Thot : mammouth articulé.

En bas, à droite : Le Thot : reconstitution d'une hutte préhistorique en os de mammouth, découverte en Sibérie.

Roger Constant présente sa trouvaille : l'homme du Régourdou (fémur et mandibule).

Thonac et le Centre d'art préhistorique du Thot

Du village de Thonac, on remarquera le site préhistorique de Maillol, la grotte de la Croze de Salvetou, portant des griffades et des inscriptions, et celle de la Batusserie, montrant des gravures préhistoriques étudiées par l'abbé Glory. Vingt-sept haches de l'âge du bronze ont été découvertes à Thonac.

Un kilomètre au nord, le Centre d'art préhistorique du Thot est ouvert à la visite. Édifié en 1972, à l'initiative de l'Office départemental du tourisme, il constitue une excellente initiation à la Préhistoire. On y trouve à la fois un parc zoologique présentant des « survivants de la faune préhistorique » — bisons, chevaux-tarpans, cerfs, aurochs, chevaux de Przewalski —, des projections de films et de diaporamas sur les techniques des artistes du Paléolithique, des moulages d'objets ainsi qu'un mammouth et un rhinocéros articulés. Une visite qui passionnera petits et grands.

Le cerf du Thot.

Lascaux II : Cerf (L : 0,70 m).
Paroi gauche de la grande salle.

Bestiaire préhistorique

Bara-Bahau (Le Bugue) :
aurochs gravé à gros
traits dans la roche tendre.

À droite :
Il est toujours là ! (Le Thot)

Bison d'Europe au Thot.

Ce bison se léchant les flancs est sculpté sur un propulseur en bois de renne. C'est un bel exemple des réalisations de l'art mobilier laissé par les habitants de la Madeleine. Moulage au Musée National de la Préhistoire des Eyzies.

Cheval tarpan au Thot.

Lascaux II : cheval au galop.

Rouffignac et Saint-Léon-sur-Vézère

Itinéraire 2

Rouffignac, les Cent Mammouths, voyage au centre de la terre

Située à l'écart de la vallée de la Vézère, à 8 kilomètres de la rivière, la grotte des Cent Mammouths, également connue sous le nom de Miremont ou Cro de Granville, est perchée sur les hauteurs qui déterminent la ligne de partage des eaux entre l'Isle et la Vézère. Pas de lampes à carbure comme au temps de Jules Verne, mais un petit train électrique pour la parcourir. Cette grotte immense, qui compte plus de huit kilomètres de

Rouffignac : mammouth et bouquetins sur le grand plafond de la grotte des Cent-Mammouths. Photo Éditions la Goélette, Paris.

galeries, n'a jamais été fermée et reçoit des visiteurs depuis le XVIe siècle. Bien qu'elle ait été explorée par d'illustres préhistoriens, Martel, Breuil et Glory, ses peintures ne furent révélées qu'en 1956, par Nougier et Robert. Si beaucoup crièrent à la supercherie sur le moment, nul ne met plus aujourd'hui leur authenticité en doute. C'est une grotte d'occupation récente. Les peintures sont datées du Magdalénien moyen et final, soit 11 000 ans av. J.-C. Des fouilles à l'entrée ont révélé une occupation humaine à la fin des temps préhistoriques (Tardenoisien, Sauveterrien, Néolithique et âge du fer). Bien avant l'apparition de l'art, les hommes ont dû disputer aux ours la possession de ces cavernes. Les bauges et les traces de griffes témoignent encore de leur passage.

On trouve les premiers dessins à 800 mètres de l'entrée et ils se poursuivent jusqu'au fond des galeries. Des traits tracés au doigt sur la roche très tendre, appelés « serpentins » ou « macaroni », caractérisent également cette caverne. On les différencie aisément des graffiti plus modernes car ils sont recouverts d'une patine grisâtre que l'abbé Breuil appelait la « crasse des siècles ». Le mammouth est représenté parfois de

Le mammouth dans l'art pariétal

La grotte de Rouffignac doit son nom à ses quelque 150 figures de mammouths. Elle renferme à elle seule la moitié des représentations connues, phénomène peu ordinaire puisque le mammouth est un sujet secondaire de l'art pariétal. Il ne représente que 8 % des figures, loin derrière le cheval et les bovidés, 30 % chacun. Ces derniers sont toujours situés au centre des compositions, ce qui a permis à A. Leroi-Gourhan d'élaborer une théorie d'un symbolisme sous-jacent à l'art préhistorique.
D'autre part, il est curieux de constater que ce sanctuaire du mammouth date d'une époque où celui-ci était en voie de disparition dans nos régions, tout comme le rhinocéros laineux dont on peut admirer une frise.

Rouffignac : le rhinocéros laineux. Comme son contemporain le mammouth, il hante nos régions avant de disparaître vers 10 000 av. J.-C.
Photo Éditions la Goélette, Paris.

Un des premiers animaux gravés de la Préhistoire : capridé sur un bloc de Belcayre (Thonac, Aurignacien 1) vers 30 000 ans av. J.-C. **Conservé au Musée National de la Préhistoire des Eyzies.**

Démonstration de tir au propulseur. Le Conquil. Photo L. Roulland.

manière très réaliste, tel le célèbre « patriarche », au dos marqué de signes rituels, mais souvent, seule la ligne de silhouette est tracée. Près d'un aven, l'artiste a représenté la rencontre de deux hordes. Le petit train nous arrête à l'entrée de la grande salle dont le plafond peint, orné d'une composition de chevaux, bisons, bouquetins et mammouths, constitue le chef-d'œuvre de Rouffignac. Cette salle borde également un gouffre. L'association du dessin et du gouffre se répète dix fois dans la grotte. C'est trop pour être un hasard, et le fait de peindre dans des endroits d'accès difficile, voire dangereux, est un argument de plus en faveur d'une religion des forces cachées de la terre. Comme à Lascaux, une figuration humaine a été retrouvée au bord de ces gouffres qui conduisent à un étage inférieur de la grotte où quatre kilomètres de galeries ont déjà été explorés.

D'une préhistoire plus récente, date le gros dolmen de Rouffignac, au lieu-dit Le Cayre. Selon une légende, le dolmen va toutes les nuits boire dans une fontaine voisine, à Fontfarge.

Non loin, Fleurac abrite un dépôt de haches de bronze. Près de Plazac, la grotte de la Maurélie a livré des poteries de l'âge du bronze.

Saint-Léon-sur-Vézère : Belcayre et le Conquil

Entre Thonac et Saint-Léon-sur-Vézère, l'élégant château Renaissance de Belcayre dissimule d'importantes traces de la Préhistoire. Découvert en 1875, le gisement de Belcayre-Haut fut occupé à l'Aurignacien. Audessous du château, l'abri de la Rochette (ou Belcayre-Bas), bien que peuplé au Moustérien et au Châtelperronien, date surtout de l'Aurignacien et du Périgordien. L'abri du Renne livra une dalle gravée d'un bouquetin, datant de l'Aurignacien. L'abri voisin de la Métairie permit la mise au jour de restes moustériens, de lames, sagaies et bijoux aurignaciens, et d'outils magdaléniens.

À Saint-Léon, sur la rive gauche de la Vézère, le site du Conquil, ouvert à la visite, montre un ensemble d'habitats naturels troglodytiques occupé à l'époque préhistorique, gallo-romaine et médiévale. Outre la superbe promenade dans un cadre enchanteur, le visiteur pourra s'initier à la taille du silex et au tir à l'arc préhistorique et au propulseur.

Le Conquil.
En haut à gauche :
Salles fortifiées.
Photo L. Roulland.

Parc naturel troglodytique :
le « pigeonnier » qui fut peut-être un temple de Mithra.
Le Conquil.
Photo L. Roulland.

Démonstration de taille du silex.
Le Conquil.
Photo L. Roulland.

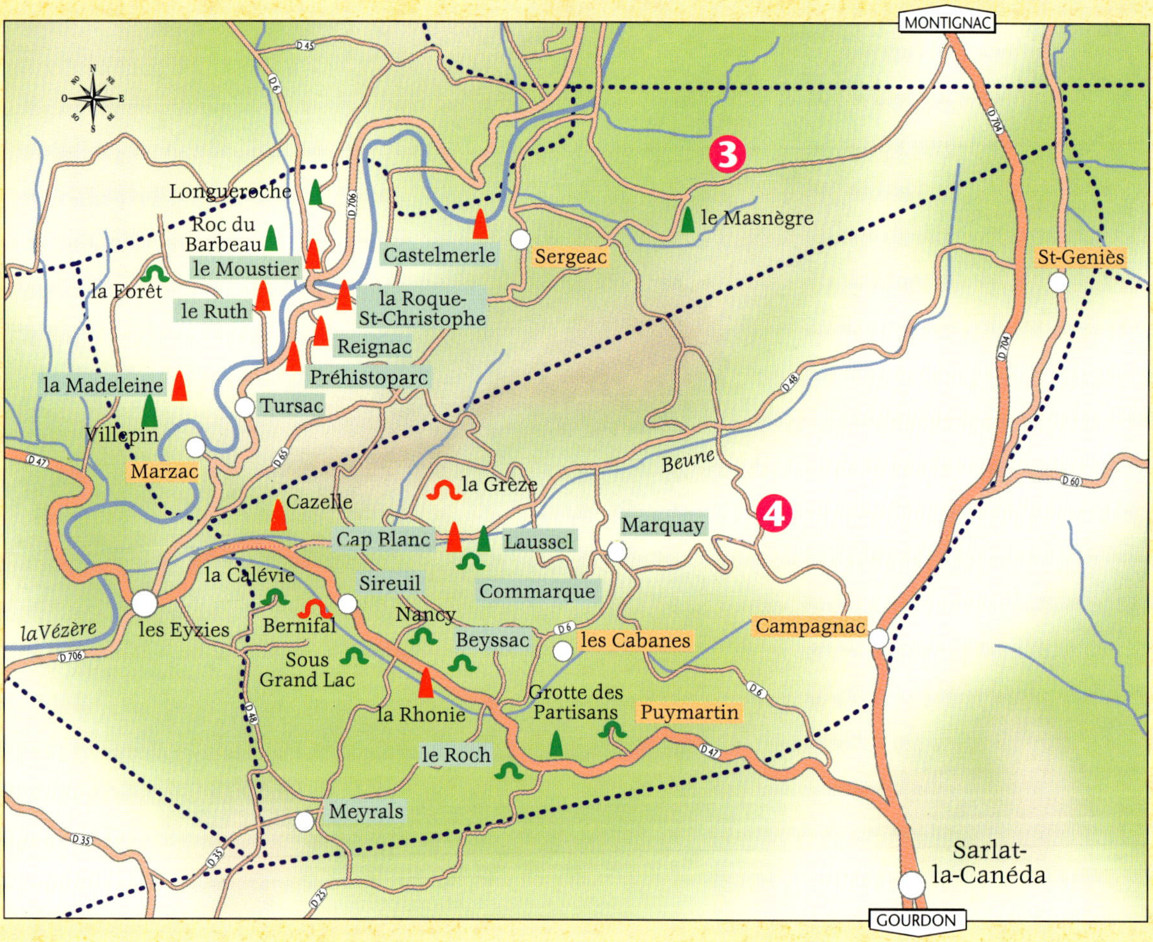

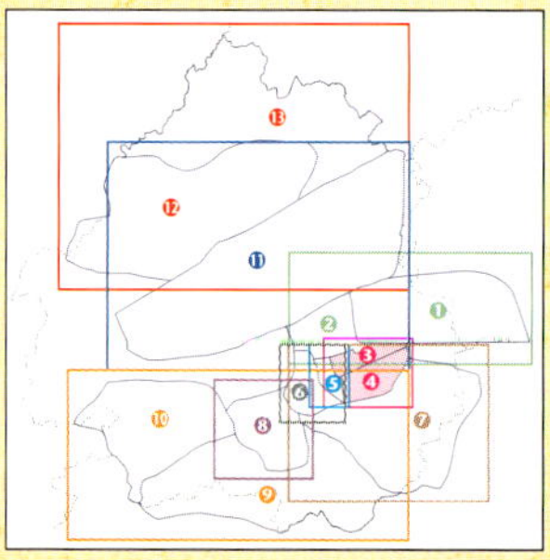

Grotte préhistorique ornée, ou à concrétions, ouverte au public.
Site préhistorique ouvert au public.
Grotte préhistorique ornée (non ouverte au public).
Autre site préhistorique.
Mégalithe
M Musée présentant des collections préhistoriques
Laussel Site ou localité présentant des sites préhistoriques importants
Sergeac Site touristique non préhistorique

3 N° d'itinéraire
Limite d'itinéraire décrit dans l'ouvrage

0 2 4 km

Au départ des Eyzies vers Sergeac ou vers Sarlat

En suivant la Vézère, entre Sergeac et les Eyzies

Itinéraire ❸

Sergeac-Castelmerle

Continuons de descendre le cours de la Vézère pour atteindre le petit village templier de Sergeac qui recèle d'importants gisements préhistoriques.

On descendra un peu à l'ouest du village, jusqu'au vallon de Castelmerle (ou vallon des Roches) dont les abris sont ouverts à la visite et qui est, après Les Eyzies, la zone de peuplement paléolithique la plus dense du Périgord Noir. Ses neuf abris ont été occupés de 50 000 à 10 000 ans av. J.-C. et ont livré des œuvres d'art et de nombreux outils. L'abri Blan-

Cheval gravé, abri Reverdit. Castelmerle.
Photo A. Bordes.

Sites ouverts à la visite entre Sergeac et les Eyzies

*Sites de **Castelmerle** (9 abris), tél. : 05. 53. 50. 79. 70. ou 05. 53. 50. 74. 79. et musée **Castanet***
*Abri du **Moustier**, tél. : 05. 53. 06. 90. 80.*
*Fort de **La Roque-Saint-Christophe**, tél. : 05. 53. 50. 70. 45.*
*Maison forte de **Reignac***
*Fort de **La Madeleine**, tél. : 05. 53. 06. 92. 49.*
*Hameau du **Ruth** (abri **Cellier** et **Pagès**), tél. : 05. 53. 50. 74. 02.*
***Préhistoparc**, tél. : 05. 53. 50. 73. 19.*

Tous les sites sont reliés par le GR 36 qui permet de découvrir à pied l'extraordinaire paysage des falaises de la Vézère. À voir : le village templier de Sergeac, les châteaux de Marzac et de Chaban, le site de la côte de Jor et son monastère bouddhiste.

Sites ouverts à la visite dans la vallée des Beunes

*Grotte de **Bernifal**, tél. : 05.53.29.66.39.*
*Fort de **La Rhonie**, tél. : 05.53.29.24.83.*
*Abri sculpté de **Cap-Blanc**, tél. : 05.53.59.21.74. et 05.53.29.66.63.*
*Grotte de **La Grèze***
*Roc de **Cazelle**, 05.53.59.46.09.*

Le GR 6 qui relie Sarlat aux Eyzies en suivant les Beunes permet de découvrir le remarquable site du château de Commarque avec son village médiéval en ruine. À visiter également les châteaux de Puymartin et Campagnac et le village de Saint-Geniès.

gravés d'animaux, parfois surchargés de peintures, ainsi que des blocs à anneaux et à cupules. Ces œuvres d'art sont parmi les plus anciennes de l'humanité. L'abri Castanet, contigu, étudié par Peyrony, présente les mêmes caractéristiques. L'abri Labattut, fouillé en 1912, puis étudié par Breuil et Glory, fut occupé au Gravettien et au Solutréen. Un squelette d'enfant, datant de cette dernière période, y a été trouvé. L'abri a livré des peintures, deux galets gravés d'animaux et des blocs à anneaux, œuvres d'art de l'époque périgordienne. L'abri Labattut conserve les traces d'un foyer et d'un atelier de taille de silex. On peut y voir des reproductions de peintures et de gravures qui ornaient le plafond de l'abri il y a 20 000 ans.

L'abri Reverdit, découvert dès 1878, fut fouillé par Breuil, Capitan et Peyrony. Il montre un bas-relief de cinq animaux sculptés au Magdalénien. D'étranges symboles, vieux de 32 000 ans, s'y trouvent également. Habitat

Castelmerle.
En haut : abri La Souquette.
En bas :
tête d'ours, abri Reverdit.
À droite :
frise sculptée abri Reverdit.
Photos A. Bordes.

chard I, occupé à l'Aurignacien (30 000-25 000 ans av. J.-C.), découvert en 1910, puis étudié par Breuil, a livré vingt blocs

L'abri du Moustier, site éponyme du Moustérien.

de chasseurs Cro-Magnon, l'abri de la Souquette a livré de nombreux ossements et outils. Il fut occupé de l'Aurignacien (- 35 000 ans) à nos jours. Le Roc d'Acier montre des habitats périgordiens et solutréens.

Le vallon de Castelmerle recèle encore les abris Blanchard II et des Merveilles, occupés au Moustérien puis au Gravettien, et celui des Roches. Le musée Castanet situé au-dessus du site expose des trouvailles faites sur les divers gisements.

Les très nombreuses découvertes faites sur le site nous invitent à nous pencher sur ces fameuses pierres taillées. Nous ne présenterons pas les différentes techniques du débitage des lames, mais il faut savoir qu'au fil des temps certains outils se sont affinés et diversifiés, comme le démontre Leroi-Gourhan dans *Les Chasseurs de la Préhistoire* (A.-M. Métaillé).

À Castelmerle, qu'affectionnait tant l'abbé Breuil, on peut visiter, en même temps que l'abri Reverdit, le fort troglodytique dit « des Anglais », peut-être occupé à la Préhistoire, mais où le Moyen Âge a taillé un important cluzeau. Quoique d'assez petite dimension, le fort mêle habilement habitat, fortifications et système défensif.

Peyzac-Le Moustier

Peyzac et Le Moustier sont deux villages que sépare la Vézère : rive gauche, Peyzac, rive droite, Le Moustier. La Préhistoire, omniprésente comme aux Eyzies, a fait la renommée de la commune. On peut citer les gisements de Jardel, Fongal,

Le Moustérien

Plusieurs types humains, regroupés sous le terme général de Paléanthropiens, cohabitèrent à cette époque, mais le plus connu et le plus répandu était l'homme de Néandertal. Cet homme, dont l'aspect physique nous paraîtrait quelque peu bestial, avait toutefois une capacité crânienne supérieure à la nôtre. Il avait des préoccupations abstraites puisqu'il enterrait ses morts, utilisait des colorants, collectionnait fossiles et coquillages. On sait qu'il portait un soin particulier à ses sépultures. Si l'homme de Néandertal disparaît assez rapidement, après « l'apparition » de l'Homo sapiens sapiens, il n'y eut pas de rupture industrielle entre les deux époques. Si l'homme du Moustérien n'est pas génétiquement notre ancêtre direct, nous sommes incontestablement ses héritiers., du point de vue culturel et technique.

roc du Barbeau (Sauveterrien), Combe de Banc et surtout le célèbre abri du Moustier, ouvert à la visite, qui donna son nom au Moustérien.

Il se compose de deux abris, fouillés successivement par Lartet, en 1864, et par Peyrony, présentant chacun du Moustérien de tradition acheuléenne, du Moustérien typique couvrant une période de 100 000 à 35 000 ans av. J.-C., du Châtelperronien, période de transition où apparaît l'homme moderne, de l'Aurignacien (- 30 000 ans) et du Périgordien ancien. F. Bordes, H. Laville et J.-Ph. Rigaud complétèrent l'étude du site.

C'est dans le deuxième abri que le trafiquant d'antiquités (plutôt qu'archéologue) O. Hauser découvrit, en 1908, un squelette de Néandertalien, l'homme du Moustier, qu'il vendit au musée de Berlin.

De ces grottes étagées en terrasses, se découvre un fort beau panorama sur la vallée de la Vézère. La visite du petit musée de site permettra de mieux appréhender le Moustérien qui a connu pendant 65 000 ans une extension géographique importante en Europe, en Asie et en Afrique du Nord.

La Roque-Saint-Christophe

À 1 kilomètre à l'ouest, au « Pas du Miroir », là où la route court entre la falaise et la rivière et s'insinue entre les rochers, on peut visiter, en surplomb sur la Vézère, un des sites les plus exceptionnels du Périgord : La Roque-Saint-Christophe. Cinq étages, 80 mètres de haut, 500 mètres de long et un remarquable fort troglodytique, font de ce site un « must » pour tous les amoureux de Préhistoire et d'archéologie. Cette immense terrasse naturelle, une des plus grandes d'Europe, fut habitée dès l'époque moustérienne (70 000 ans). Elle abrita ensuite les hommes de Cro-Magnon, ceux du Néolithique, de l'âge du bronze (1 500 ans av. J.-C.), de l'âge du fer (800 ans av. J.-C.), de l'époque gallo-romaine et du Moyen Âge. Le site que le visiteur peut découvrir aujourd'hui est un gigantesque ensemble troglodytique qui ne peut se comparer qu'à ceux de Cappadoce, en Turquie. Le fort troglodytique fut édifié par Frotaire, évêque de Périgueux au Xe siècle, pour empêcher les Vikings de remonter la Vézère. Ceux-ci, pour contourner l'obstacle, auraient creusé un canal, mais la trace qui subsiste est peut-être naturelle. Les Anglais s'emparèrent du fort en 1401, massacrèrent tous les défenseurs, et, selon la légende, y dissimulèrent un trésor. Cinq ans plus tard, les Français récupérèrent la place. La Roque-Saint-Christophe étant occupée par les huguenots, Henri III fit détruire la forteresse en 1588. Il en subsiste pourtant d'importants restes qui ne manqueront pas d'émouvoir les visiteurs.

Après avoir franchi l'entrée originelle du fort, on découvre des rochers constellés de milliers de niches carrées, dans lesquelles s'encastraient les poutres qui soutenaient les maisons. Les abris montrent des récipients creusés dans le roc, des canalisations pour la récupération et l'évacuation des eaux, et des anneaux taillés dans le rocher (1 500 au total), pour accrocher bêtes et lampes. Certaines salles avaient une destination précise (abattoir, fumoir, coffre-fort). Le village proprement dit, suspendu sur cinq terrasses, pouvait abriter de 1 000 à 1 500 habitants. On imagine la vie grouillante, les boutiques des marchands, les ateliers des artisans. On reconnaît encore l'église aux croix gravées et aux tombes. De la terrasse, s'ouvre un vaste panorama sur la Vézère. De l'autre côté

La maison forte de Reignac abrite un gisement préhistorique.

Près du Moustier, La Roque-Saint-Christophe offre une des plus vastes terrasses naturelles d'Europe.
Photo J.-M. Touron.

En page de droite :
La Roque-Saint-Christophe :
le grand escalier.
Photo J.-M. Touron.

La Roque-Saint-Christophe,
surplombant la Vézère,
l'un des plus impressionnants
sites préhistoriques
et troglodytiques du Périgord.
Photo J.-M. Touron.

La cuisine du fort.
La Roque-Saint-Christophe.
Photo J.-M. Touron.

La Roque-Saint-Christophe,
immense terrasse naturelle
de 500 m de long.
Photo J.-M. Touron.

La Vézère au pied de La Madeleine, vue de Marzac.

de la vallée, dans la falaise, on aperçoit une grotte : un poste de guet avancé. Les forts troglodytiques formaient entre eux un réseau défensif qui communiquait probablement à l'aide de signaux sonores ou lumineux. Certaines salles présentent des gravures paléochrétiennes et peut-être préhistoriques. D'autres montrent les trouvailles faites sur le site et des reconstitutions de Néandertaliens. Pour des raisons de sécurité, on ne visite plus le « Pas du Miroir », où l'on pouvait voir son visage se refléter dans les eaux de la Vézère en contrebas.

En empruntant une route dantesque, bordée de rochers éboulés, et sur laquelle la falaise semble prête à s'effondrer, on atteint, à 1 kilomètre au sud-ouest, la maison forte de Reignac qui superpose un habitat troglodytique et un gisement préhistorique. On peut visiter ce site occupé au Magdalénien, puis à l'âge du bronze et du fer, et qui livra plusieurs pièces d'art mobilier.

Tursac-La Madeleine, Le Ruth et le Préhistoparc

Abri et Fort de La Madeleine

Avec son église romane fortifiée du XIIe, à clocher-donjon et

file de coupoles, et sa croix de pierre sculptée, le petit village de Tursac est un des principaux centres préhistoriques du Périgord. Face au village, sur la rive droite de la Vézère, à fleur d'eau, le grand abri de La Madeleine, site éponyme du Magdalénien, offre au promeneur le charme de son cadre champêtre. Les fouilles, commencées en 1863 par Lartet, poursuivies par Peyrony, ont livré un important outillage, de beaux spécimens d'art mobilier et un squelette d'enfant. Elles ont surtout permis d'établir la chronologie complète du Magdalénien moyen et supérieur, l'occupation du site s'étant prolongée jusqu'à l'Azilien, soit de 12 000 à 8 000 ans av. J.-C.

La partie préhistorique de La Madeleine n'est pas ouverte au public, mais personne ne regrettera la visite du fort troglodytique et des restes du château. Il

La Madeleine (Tursac) : abri troglodytique et chapelle.

Mammouths affrontés sur bâton perforé en bois de renne de Laugerie-Haute, proto Magdalénien, vers 22 000 ans. Musée National de la Préhistoire des Eyzies.

Le Magdalénien

Le Magdalénien, entre 15 000 et 9 000 ans av. J.-C., est la dernière grande phase du Paléolithique supérieur. Après lui, l'art entrera en décadence. C'est à cette époque que furent réalisées la plupart des grandes œuvres pariétales : Lascaux, Font-de-Gaume, Rouffignac, mais aussi Altamira, Niaux, Pech-Merle. Les hommes introduisirent la notion du « beau » dans leur univers quotidien, en décorant leurs objets utilitaires (sagaies, propulseurs, bâtons percés), travaillant l'os, le bois, créant un art mobilier d'une grande finesse. Les outils sont très variés et spécialisés (burins, harpons, grattoirs, propulseurs). L'utilisation de certains d'entre eux nous est inconnue.

est conseillé d'emprunter, dès le « parking », le petit sentier sous bois, aménagé, qui mène au site de La Madeleine. Ici comme en maints endroits du Périgord, à un niveau préhistorique succède un village du haut Moyen Âge (Xe siècle), creusé dans le rocher, et fortifié pour résister aux raids des Vikings. Dans ce vaste village troglodytique, encore occupé au XVIIe siècle, on remarquera la chapelle du XVe, où la légende cache un trésor, et un « cluzeau aérien » ou « cabine de guetteur ». La visite fera découvrir, entre autres, le système de défense du village et la vie quotidienne de nos ancêtres troglodytes. La colline est couronnée par le château médiéval de Petit Marzac, troisième niveau qui achève ce bel exemple de pérennité de la vie à travers siècles et millénaires. Sur son promontoire rocheux, le château, bâti entre les XIVe et XVIe siècles, est en ruine, mais garde fière allure avec ses murailles percées de fenêtres à meneaux, ses courtines, sa tour circulaire.

À 100 mètres de l'abri de La Madeleine, l'abri Villepin, fouillé en 1917 par Peyrony, fut habité entre la fin du Magdalénien et l'Azilien (10 000 à 8 000 ans av. J.-C.).

Le hameau du Ruth : les abris Cellier et Pagès

Autour de Tursac, la Préhistoire est omniprésente. Le hameau du Ruth offre à la visite l'abri Cellier, aux parois gravées il y a 30 000 ans, qui livra lors de ses fouilles, en 1927, un bloc orné d'une tête de bouquetin et des pierres gravées de vulves. On peut également visiter l'abri Pagès (ou du Ruth), dont la très longue stratigraphie s'étend de l'Aurignacien au Magdalénien, et qui fournit à D. Peyrony, son explorateur, en 1908, une nombreuse et belle industrie lithique.

Entre Le Moustier et Tursac, l'abri du Facteur (ou de la Forêt), peuplé à l'Aurignacien et au Gravettien, a livré une statuette féminine : la Vénus de Tursac. La belle grotte de la Forêt, découverte en 1952, cache des modelages d'argile. Des gravures d'animaux, surtout de rennes, ont été relevées par Glory. Ces œuvres datent du Magdalénien. On pourrait encore citer d'autres gisements préhistoriques : Liveyre, Roque-Barbel, Langle, Boulou (Aurignacien), etc., sans épuiser pour autant les sites des environs.

À Marzac, le gisement de Longue-Roche, fouillé par D. Peyrony, a livré une abondante industrie lithique datant du Magdalénien moyen et supérieur, et de l'Azilien. Pour l'anecdote, notons que L. Coulonges donna le nom de Longueroquien à l'Azilien périgourdin (9 000 ans av. J.-C.).

Le Préhistoparc

Entre Tursac et Les Eyzies, petits et grands visiteront avec plaisir et profit le Préhistoparc où sont reproduites des scènes préhistoriques : chasse au mammouth, vie quotidienne, inhumation, rhinocéros chargeant, etc. Une agréable et instructive promenade dans la nature périgourdine chargée d'histoire. Notons que le parc s'étend sur un site qui fut peuplé à l'époque préhistorique. Réalisé d'après les conseils du professeur J.-L. Heim, il permet de mieux comprendre l'évolution et la vie de nos ancêtres.

En haut : La cabine de guetteur de La Madeleine (Tursac).

Ci-contre : Rite funéraire. Préhistoparc de Tursac.

Reconstitution de la vie quotidienne. Préhistoparc de Tursac.

Harpons magdaléniens et à droite un sifflet. Musée National de la Préhistoire des Eyzies.

Aiguille à chas, poinçon et harpon. Objets du Musée National de la Préhistoire des Eyzies.

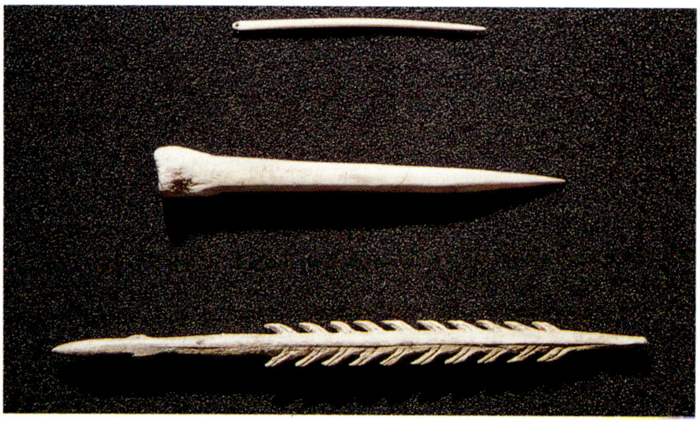

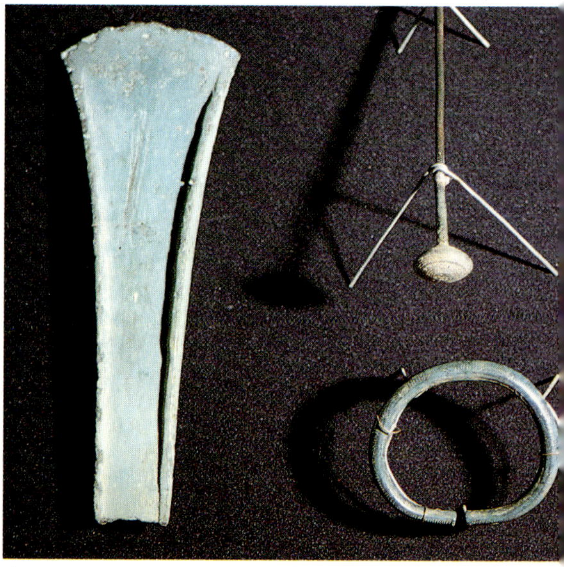

Âge des métaux : hache de bronze, épingle à bouton, bracelet, pointe de pique. Musée du Périgord, Périgueux.

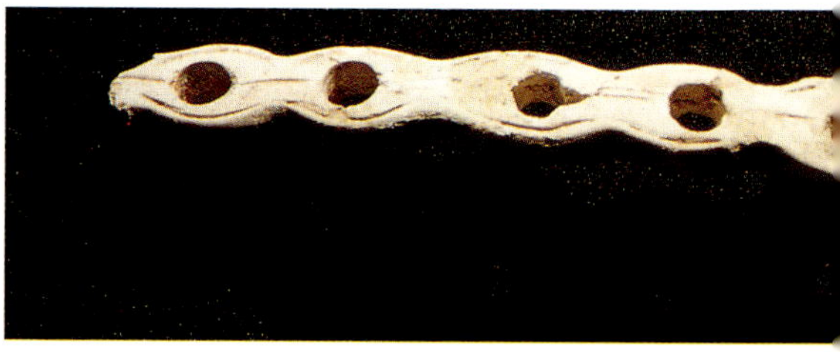

Bâton percé. Musée du Périgord, Périgueux.

Scène de pêche.
Préhistoparc de Tursac.

La tombe magdalénienne de Saint-Germain-la-Rivière.
Musée National de la Préhistoire des Eyzies.

La chasse au mammouth. Préhistoparc de Tursac.

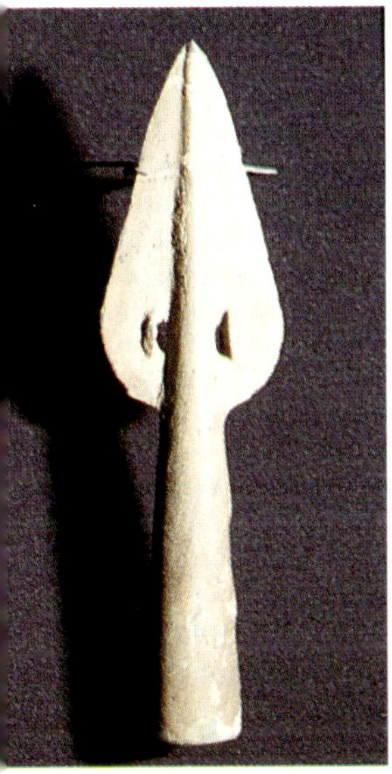

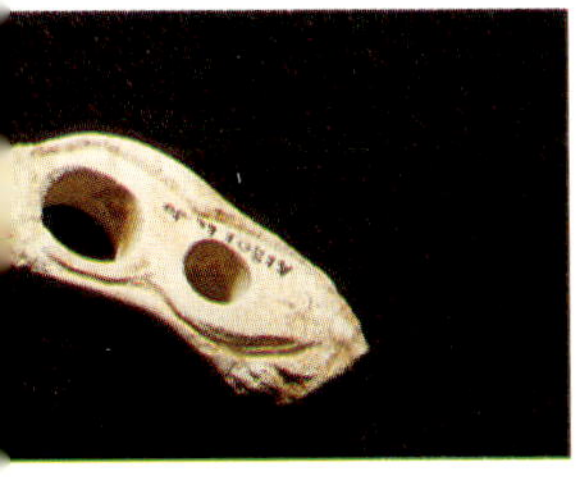

***Propulseur.* Musée National de la Préhistoire des Eyzies.**

Paysage de la vallée de la Beune. Sur la colline, le bourg de Sireuil.

En suivant les Beunes, du Sarladais aux Eyzies

Itinéraire 4

Quittons momentanément la Vézère pour rejoindre le Sarladais et les sources de deux ruisseaux à truites : la grande et la petit Beune. Bien que peu connues, les vallées des Beunes sont très riches en vestiges préhistoriques, principalement sur les territoires des communes de Meyrals et Marquay.

Entrée de la grotte de Bernifal.

Bernifal et la petite Beune

La route de Sarlat aux Eyzies longe plusieurs châteaux qui possèdent, dans leur cave ou leur environnement immédiat, un abri ou une grotte ornée.

En visitant le château de Puymartin, vous ignorez probablement qu'il surplombe une grotte gravée. Plus loin, la façade du château Renaissance de Beyssac domine l'axe Sarlat-Les Eyzies. Sous le château, la grotte de Beyssac, occupée à l'époque préhistorique, présente des traces de peintures dont l'authenticité est discutée. Il existe deux gisements voisins de même type, Beyssac II et Moulin de Beyssac. On découvre, isolé sur sa terrasse rocheuse, le château du Roch. Non loin, se trouvent le gisement préhistorique et la grotte du Roch, découverte par l'abbé Breuil, et qui montre un cheval gravé, peut-être au Gravettien. On peut également voir le gisement moustérien du Roch et celui du Pas d'Estret, datant de l'Aurignacien et du Périgordien ancien. Tout près, la grotte gravée du Charretou est d'une lecture délicate.

Le site principal, ouvert au public, est la grotte de Bernifal, située non loin de la rive gauche de la petite Beune. Découverte

Cluzeaux aériens sur la route Sarlat-Les Eyzies.

en 1902 par D. Peyrony, étudiée par Breuil puis par Leroi-Gourhan, elle comporte plus de cent figures, moitié peintures, moitié gravures. On y trouve beaucoup de mammouths et de tectiformes (signes en forme de toit, d'abri ou de hutte), ainsi qu'un célèbre asinien gravé. Certains mammouths ressemblent à s'y méprendre à ceux de Rouffignac. Ils datent également du Magdalénien supérieur (12 000 ans av. J.-C.). Toujours sur la même rive de la petite Beune, se trouvent trois autres grottes ornées. L'entrée de la grotte du Bison est entourée d'autres cavités dont l'une est un cluzeau. Fouillée en 1957 par l'abbé Glory, elle comporte deux mains négatives peintes et des gravures très difficiles à dater. La grotte de Sous-Grand-Lac, découverte en 1969 et étudiée par G. et B. Delluc et Leroi-Gourhan, montre diverses gravures dont une célèbre figuration humaine, que l'on peut comparer à celle de Saint-Cirq-du-Bugue, et qui lui est peut-être contemporaine. Plus en aval, la grotte de La Calévie, découverte par Peyrony en 1903 et étudiée par l'abbé Breuil,

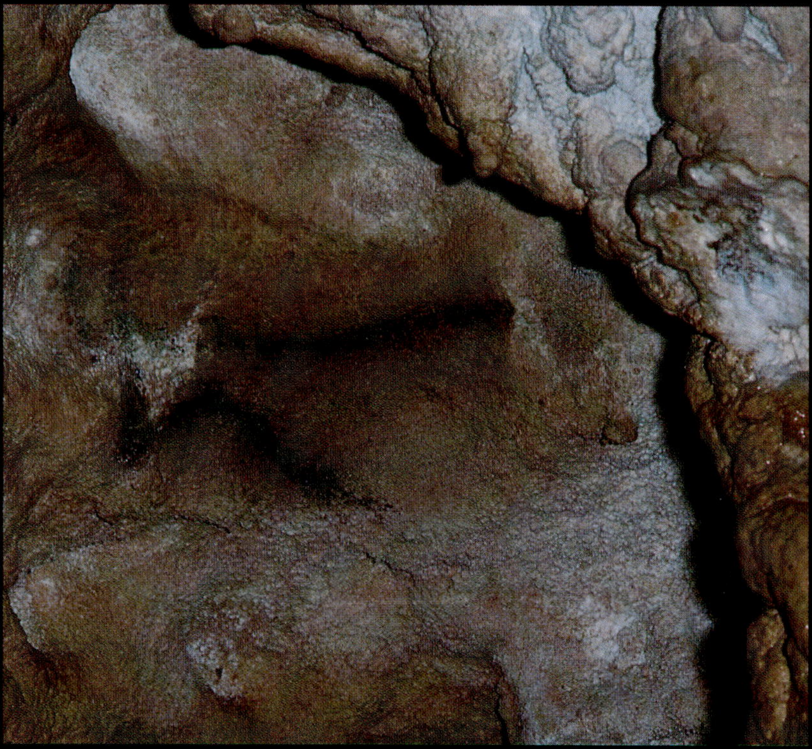

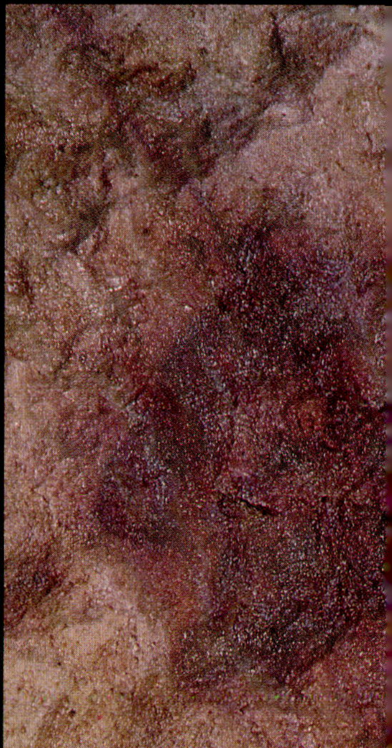

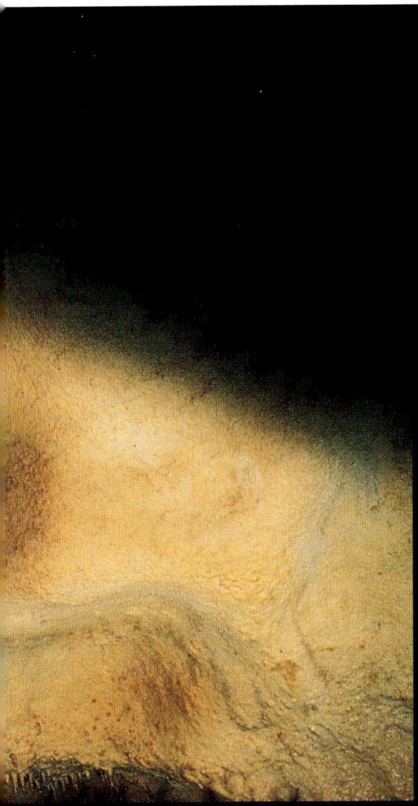

fut occupée au Magdalénien et à l'âge du bronze. On y trouve surtout des gravures de chevaux, datant de - 15 000 ans, et un bison modelé dans l'argile. Quatre beaux bracelets en bronze, découverts dans la grotte, sont visibles au musée du Périgord, à Périgueux. En amont sur la rivière, la grotte des Partisans

Grotte de Bernifal.
En haut, à gauche : bouquetin peint au manganèse.
Photo du site.

En haut, à droite : mammouth peint à l'argile.
Photo Aujoulat.

a livré une sépulture du bronze ancien (1 600 ans av. J.-C.). La grotte de Vielmouly II contient des traces de gravures et de peintures qu'il n'a pas été possible d'identifier.

Cluzeaux et restes d'habitat troglodytique à Cazelle.

À Meyrals, le fort de la Rhonie

À 2 kilomètres de Bernifal, au bord de la route Sarlat-Les

Grotte de Bernifal.
En bas, à gauche : bison gravé.
Photo Pémendant.

En bas, à droite : signe tectiforme peint à l'oxyde de fer.
Photo Aujoulat.

Eyzies, le rocher de Cazelle garde les restes d'un fort troglodytique. Un peu à l'est, dans les falaises qui bordent la route, on peut apercevoir des cluzeaux.

À l'est de Meyrals, le fort troglodytique de la Rhonie est ouvert à la visite. On y accède par un chemin boisé, bordé de bories. Le fort fut occupé à diverses époques de la Préhistoire et du Moyen Âge.

À Marquay : Cap-Blanc et la grande Beune

Perché sur une colline, entre les deux Beunes, le petit village de Marquay abrite de nombreux sites préhistoriques : le Masnègre, datant du Périgordien, Cacaro, Pageyral, le Pigeonnier et le Bout-du-Monde, ainsi qu'une grotte à concrétions : La Grézélie.

À 5 kilomètres à l'ouest, l'abri du Cap-Blanc offre une visite inoubliable. Il recèle une des plus impressionnantes frises préhistoriques connues. Sur 13 mètres de long, se découvrent de profondes sculptures de chevaux et d'un bovidé qui semblent jaillir de la paroi. Leurs dimensions (le cheval central en haut relief a 2,20 mètres de long) et leurs qualités artistiques confèrent à la frise un réalisme saisissant. Ces œuvres

Vue partielle de la frise sculptée. Cap-Blanc (Marquay).
Photo J. Archambeau.

datent vraisemblablement du Magdalénien ancien ou moyen (13 000 ans av. J.-C.). Les fouilles exécutées depuis 1909, parfois sans grand discernement, ont néanmoins révélé une sépulture contenant les restes d'un individu probablement de type Cro-Magnon, et divers outils attestant une occupation jusqu'au Magdalénien final. Découvert en 1910, ce site majeur intéressa Peyrony, Breuil et tous les grands préhistoriens.

Tout près, la grotte-abri de La Grèze, ouverte au public, fut décorée au Gravettien ou au Périgordien. Elle montre la profonde gravure d'un très vieux bison d'environ 20 000 ans, présenté de profil avec les cornes de face. D'autres gravures d'animaux complètent la décoration. Découverte en 1904, la grotte fut fouillée par Breuil et Peyrony.

En haut et en bas : détail de la frise de chevaux sculptés. Cap-Blanc (Marquay).

À Sireuil : Commarque et Laussel

Au-dessus des vallées des deux Beunes, affluents de la Vézère, le petit village de Sireuil compte également (nous ne sommes pas loin des Eyzies) d'importants gisements préhistoriques : Crabillat, Barry, et surtout la grotte Nancy, découverte

Commarque (Sireuil) : sous le château fort, le village troglodytique et la grotte préhistorique.

en 1913, puis étudiée par l'abbé Breuil, qui montre plusieurs gravures d'animaux (chevaux, bisons, bouquetins), réalisées au Magdalénien ancien (15 000 ans av. J.-C.). Non loin de là, en 1900, a été trouvée une statuette féminine, de 9 centimètres, connue sous le nom de « Vénus de Sireuil ». Cette très belle figurine en calcite ambrée est exposée au musée de Saint-Germain-en-Laye. Plusieurs autres grottes situées sur la commune présentent des traces de peintures ou de gravures, contestées en tant qu'œuvres paléolithiques, bien que la plupart de ces sites aient été occupés par les hommes préhistoriques : Font-Martine, Archambeau, le Pilier, le Rouillet.

Au bord de la route Sarlat les Eyzies, le Roc de Cazelle, ouvert à la visite, est une cité troglodytique habitée depuis l'Aurignacien et Magdalénien jusq'à nos jours.

Quatre kilomètres à l'est de Sireuil, d'un accès difficile, isolé des hameaux alentour par une épaisse forêt, régnant sur un vallon marécageux traversé par la Beune, Commarque semble être un fantôme de château. Exemple parfait de forteresse médiévale en Périgord, c'est aujourd'hui une ruine énorme envahie, il y a encore peu, par les arbres et les ronces. Son haut donjon domine les restes d'un village autrefois entouré d'un gigantesque rempart. On dirait qu'ici le temps s'est arrêté. L'occupation du site est très ancienne puisque, sous le château, se trouve une grotte préhistorique découverte par Breuil en 1915 et étudiée par la plupart des préhistoriens dont A. Leroi-Gourhan. Elle recèle un cheval sculpté, un des plus beaux de la Préhistoire, rappelant ses « voisins » de Cap-Blanc, et des gravures de chevaux, de bouquetins et de figurations féminines, datant du Magdalénien (12 000 ans av. J.-C.). La falaise, entre la grotte et le château du XIIIe siècle, est truffée d'un réseau d'abris, restes d'un fort troglodytique creusé probablement vers le IXe ou le Xe siècle. Cette succession d'habitats, telle une longue tranche de l'histoire humaine, figée dans le temps, un temps qui se serait arrêté il y a 500 ans, est d'un effet saisissant et quelque peu angoissant.

Au-dessus des marécages de la Beune, faisant face à la formidable forteresse de Commarque, le château de Laussel, des XVe et XVIe siècles, bien que très restauré, dresse l'élégante silhouette de ses tours à mâchicoulis. Près du château se trouvent un curieux pigeonnier troglodytique et le célèbre gisement préhistorique de Laussel qui a révélé une des plus importantes séquences stratigraphiques du Paléolithique moyen et supérieur. Ses dix niveaux s'étagent du Moustérien ancien (- 100 000 ans) au Solutréen récent (- 17 000 ans). Entre ces deux extrémités, les chercheurs ont trouvé du Moustérien typique (- 70 000 ans), du Châtelperronien (- 35 000 ans), de l'Aurignacien (- 30 000 ans) qui a livré plusieurs blocs gravés, et enfin du Gravettien, du Périgordien supérieur et du Solutréen ancien (- 25 000 à - 20 000 ans). C'est dans ce dernier niveau qu'ont été trouvés les cinq bas-reliefs de représentation humaine : un homme, le « chasseur », qui semble lancer une sagaie et quatre femmes, aux seins et aux hanches abondamment développés dont la fameuse « Vénus de Laussel » sculptée dans une pierre dorée. Cette vieille dame de 42 centimètres de haut tient dans sa main une corne de bison et compte parmi les plus célèbres représentations féminines de la Préhistoire. On peut l'admirer soit au musée de Bordeaux, soit à celui des Eyzies où se trouve son moulage. Les différents abris qui constituent le gisement, fouillés par Rivière en 1894 puis par Lalanne en 1908, ont livré en outre de très nombreux outillages de diverses époques.

Le confluent des Beunes réunies et de la Vézère nous conduit directement dans la capitale ancienne et moderne de la Préhistoire : Les Eyzies.

Cluzeaux à Commarque.

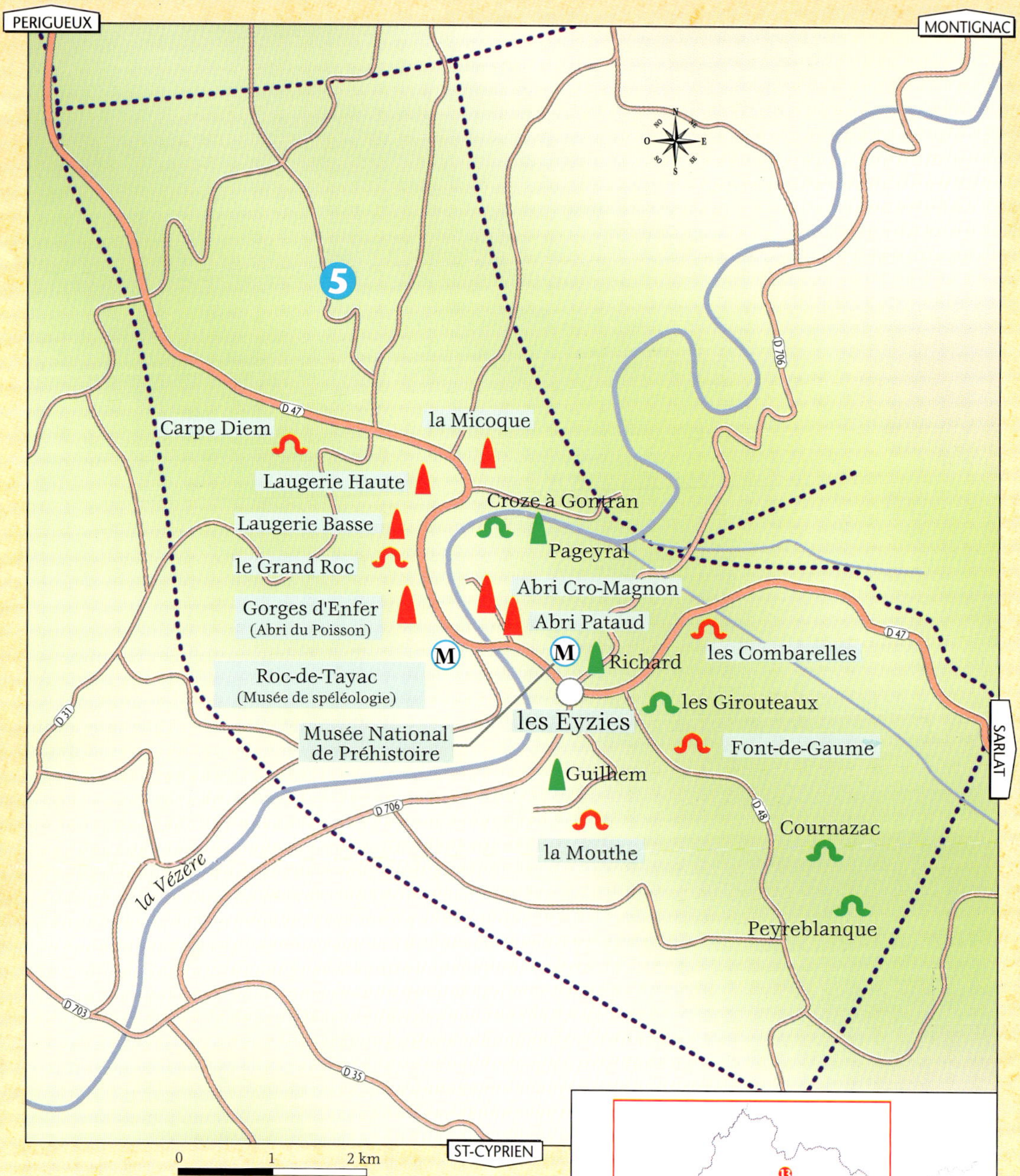

Grotte préhistorique ornée, ou à concrétions, ouverte au public.
Site préhistorique ouvert au public.
Grotte préhistorique ornée (non ouverte au public).
Autre site préhistorique.
Mégalithe
Musée présentant des collections préhistoriques
Carpe Diem Site ou localité présentant des sites préhistoriques importants
Tayac Site touristique non préhistorique
N° d'itinéraire
Limite d'itinéraire décrit dans l'ouvrage

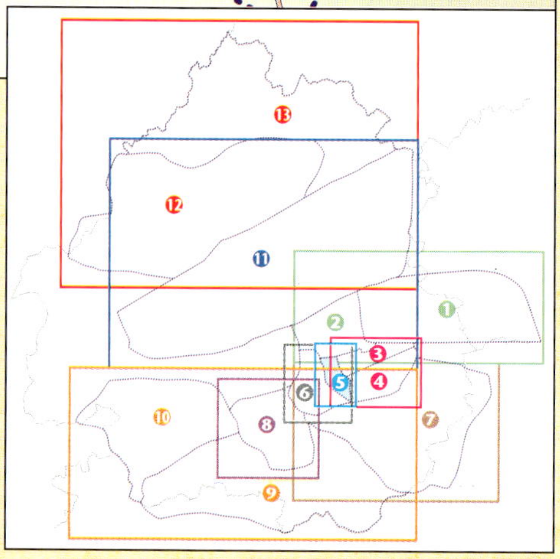

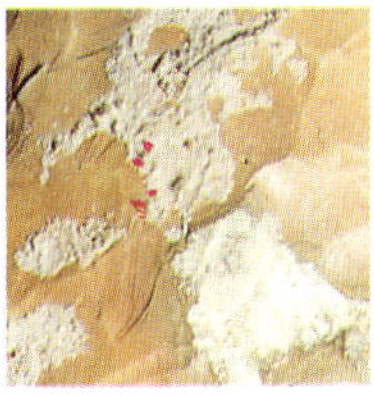

Les Eyzies, la ville à remonter le temps

Itinéraire 5

Les Eyzies : l'abri Cro-Magnon.

Sites ouverts à la visite aux Eyzies

Musée National de la Préhistoire, tél. : 05. 53. 06. 97. 03.
Grotte de ***Font-de-Gaume****, tél. : 05. 53. 06. 90. 80.*
Grotte des ***Combarelles****, tél. : 05. 53. 06. 97. 72.*
ou 05. 53. 06. 90. 80.
Grotte de ***La Mouthe*** *: fermée provisoirement.*

Gisement de ***La Micoque***
Abri de ***Laugerie-Haute***
Abri du ***Poisson***
Vallon de ***Gorge d'Enfer***
Abri ***Lartet***
*Abri d'****Oreille d'Enfer***
tél. : 05. 53. 06. 90. 80.

Abri ***Pataud*** *et musée de site, tél. : 05. 53. 06. 92. 46.*
Abri ***Cro-Magnon*** *: visible près de l'hôtel*

Abri de ***Laugerie-Basse et musée***
Grotte à concrétions du ***Grand-Roc***
tél. : 05. 53. 06. 92. 70.

Grotte à concrétions de ***Carpe-Diem****,*
tél. : 05. 53. 06. 91. 07.
Fort du Roc de Tayac et musée de la Spéléologie,
tél. : 05. 53. 35. 43. 77.

Office de Tourisme des ***Eyzies****, tél. : 05. 53. 06. 97. 05.*

Les GR 6 et 36 fusionnent aux Eyzies et permettent de découvrir sites et falaises. On visitera également sur place le jardin des plantes médicinales.

Les Eyzies, capitale mondiale de la Préhistoire

Itinéraire 5

Le site et l'histoire

Présenter Les Eyzies comme la capitale mondiale de la Préhistoire est un lieu commun, les nombreuses grottes ornées et, plus encore, le foisonnement d'abris sous roche, ne font que confirmer cette idée. Les styles et les époques les plus divers, non seulement de la Préhistoire, mais aussi de l'Histoire, y sont représentés, faisant des Eyzies l'archétype de la ville à remonter le temps. Cette vaste « promenade immobile » va nous permettre de mieux apprécier l'écoulement du temps préhistorique : de La Micoque à Laugerie-Basse, de 450 000 à 5 000 ans av. J.-C., la préhistoire des Eyzies a duré cent fois plus que l'Histoire, deux cents fois plus que l'ère chrétienne.

Même si la Préhistoire n'était pas présente à chaque pas, Les Eyzies mériteraient votre visite, ne serait-ce que pour leur site. Au confluent de la Vézère et de la Beune, le petit village, d'où émerge un vieux château transformé en musée, s'accroche sous de hautes falaises creusées d'abris, percées de grottes et d'habitats troglodytiques, couronnées de chênes verts et de genévriers. Après avoir franchi la Vézère, une peti-

Vue générale des Eyzies, capitale mondiale de la Préhistoire.

te route qui se faufile entre rivière et roche parcourt la « voie royale » de la Préhistoire, une inimaginable succession de grottes et d'abris, dans un cadre impressionnant de falaises.

À l'origine, Les Eyzies n'étaient qu'un hameau de la seigneurie de Tayac. La population devait être assez importante au VIIIe ou au IXe siècle, comme le prouvent les nombreuses habitations troglodytiques et les hameaux fortifiés destinés à résister aux invasions vikings. On peut les voir sur l'emplacement du musée, à l'entrée des Eyzies, au Roc de Tayac, à Laugerie-Basse, au rocher de Cazelles, au lieu-dit les Girouteaux, près de Font-de-Gaume, ainsi qu'à la chapelle

Le Musée National de la Préhistoire, au-dessus du bourg des Eyzies.

La falaise surplombant la Vézère aux Eyzies-de-Tayac.

Vestiges des structures semi-troglodytiques des Eyzies, à la sortie du village en direction de Sarlat.

L'énigme de la population préhistorique

Si l'on ne conteste pas la place importante qu'ont dû tenir Les Eyzies aux époques préhistoriques, il est impossible d'en préciser la population. Certains chercheurs penchent pour une unité sociale très réduite, afin que les chasseurs n'épuisent pas rapidement leur territoire. Mais on peut également penser, devant les remarquables réalisations artistiques, qu'une telle culture n'a pu naître qu'au sein d'une population nombreuse et structurée. L'énorme couche de silex taillés, retrouvée sur certains sites, ne permet pas non plus de conclure. Il peut s'agir aussi bien d'une très grande population ayant travaillé pendant des années, que d'un petit groupe pendant des siècles. Mais les structures à l'intérieur des couches plaident pour une population dense.

troglodytique de Guilhem. Les falaises sont parsemées de cluzeaux aériens ou « cabines de guetteurs », grottes artificielles percées en altitude dans le rocher, et dont on se demande comment les occupants pouvaient y accéder. On trouve également de belles bories, toujours difficiles à dater, aux lieux-dits le Télégraphe et la Rouquette. Les seigneurs de Tayac édifièrent aux Eyzies, aux Xe ou XIe siècles, une puissante forteresse encastrée sous le rocher, qui passa aux Beynac en 1322. Tayac restait encore la place prépondérante, avec son monastère édifié au XIIe siècle, dont il reste l'église fortifiée. Enchâssé sur un surplomb de rocher, le fort troglodytique du Roc de Tayac était une autre forteresse qui servait de poste de péage contrôlant le trafic fluvial. Occupé par les troupes anglaises, le fort fut assiégé par le seigneur de Beynac en 1381. Les Anglais de Tayac ravagèrent le Sarladais en 1408, mais les Français le reprirent en 1411. Au cours des guerres de Religion, les Beynac devinrent protestants. Demeuré catholique, Jean-Guy de Beynac-Tayac, qui tenait le château des Eyzies, assiégea Saint-Cyprien en 1590. Ayant conspiré contre Henri IV en 1605, pour venger la décapitation de son ami Biron, il fut condamné à mort, puis gracié sur l'intervention de Turenne. Le château fut abandonné au XVIIIe siècle. En ruine et très mutilé, il fut racheté par l'État en 1913 qui le transforma en Musée National de la Préhistoire.

Naissance de la Préhistoire

La Préhistoire est une science jeune : elle compte à peine plus d'un siècle. C'est en 1862, dans la grotte Richard aux Eyzies, qu'eut lieu la première « fouille » délibérée. En 1863, Édouard Lartet (1801-1871), père de la Paléontologie humaine, associé à l'Anglais Henry Christy, entreprit des fouilles à La Madeleine (Tursac) et à Laugerie-Haute.

En 1868, lors de la construction de la voie ferrée Périgueux-Agen, cinq squelettes furent découverts dans l'abri Cro-Magnon. Le lien entre l'homme préhistorique et l'homme moderne était trouvé. Ayant conscience d'être tombés sur un trésor fabuleux, les préhistoriens ne quittèrent plus jamais Les Eyzies. Cet intérêt s'accrut encore lors de la découverte des premières grottes ornées : La Mouthe en 1895, Font-de-Gaume et les Combarelles en 1901. Ces premiers préhistoriens, conscients d'écrire une nouvelle page de la connaissance humaine, comptèrent dans leurs rangs des savants, des amateurs passionnés, des instituteurs, de nombreux prêtres, auxquels la Préhistoire apportait une révolution dans leur conception du monde, ainsi que de nombreux paysans, connaissant le terrain et vivant la Préhistoire au quotidien. Parmi eux, trois figures se détachent : Breuil, Peyrony et Capitan, trois hommes qui travaillèrent ensemble.

Abri sous roche aux Eyzies.

Un feu brûle dans un abri des Eyzies, réchauffant le corps et le cœur de l'Homme.

Au-dessus de l'abri du château, médaillons en bronze de D. et E. Peyrony, au milieu des vestiges de structures troglodytiques.

Les pères de la Préhistoire

- *L'abbé Breuil (1877-1961) vint en Périgord en 1897. Grand analyste de l'art pariétal, il définit, le premier, une chronologie de la Préhistoire (subdivisions du Paléolithique supérieur, 1911). Pour lui fut créée en 1929 la première chaire de Préhistoire au Collège de France. Il parcourut le monde entier sur les traces des premiers hommes, travaillant notamment avec Teilhard de Chardin. Il fut surnommé « le pape de la Préhistoire ».*
- *Denis Peyrony (1869-1954), né et mort en Dordogne. Instituteur aux Eyzies, il fut un grand découvreur de grottes, un fouilleur infatigable et un stratigraphe de génie. Créateur et premier conservateur du musée des Eyzies (1918), il détermina l'existence du Périgordien, culture parallèle à celle de l'Aurignacien.*
- *Capitan (1854-1929), un médecin, dirigea lui aussi de nombreuses fouilles. Il fut nommé professeur au Collège de France en 1907.*

Avant même ces trois préhistoriens, un enfant adoptif du Périgord mérite une mention spéciale, il s'agit de Jouannet, dont les découvertes au tout début du XIXe siècle ne parvinrent pourtant pas à ébranler les « certitudes bibliques » des savants de l'époque. Son sérieux et ses travaux lui valent aujourd'hui le titre incontesté de « grand-père de la Préhistoire ».

***Biface du paléolithique inférieur, vers 300 000 ans.* Conservé au Musée National de la Préhistoire des Eyzies.**

De nos jours, on fouille encore aux Eyzies, plus que jamais pourrait-on dire. Le sous-sol ne constitue-t-il pas un seul et gigantesque livre qui doit encore être feuilleté et qui est loin d'avoir livré tous ses secrets ? D'ailleurs les préhistoriens ne s'y trompent guère qui ont tous, peu ou prou, une résidence secondaire sur la commune.

Le Musée National de la Préhistoire

Acheté par l'État en 1913, sous l'impulsion de Peyrony, le château des Eyzies est lui-même bâti sur un gisement préhistorique et un village troglodytique. La grotte du château, datée du Magdalénien, a livré un célèbre os gravé de neuf personnages défilant près d'un bison. Le bâtiment devint musée de la Préhistoire en 1923. Aujourd'hui, ses collections comprennent plusieurs millions d'objets. La clarté de la présentation et la gamme très complète des trésors qu'il renferme en font un musée facile et passionnant à aborder pour les visiteurs. Il est d'ailleurs le premier musée préhistorique de France pour le nombre de visiteurs, et le deuxième du monde, après celui de Saint-Germain-en-Laye, pour la richesse des collections. À l'initiative de Jean Guichard, son conservateur, et de son successeur, J.-J. Cleyet-Merle, un projet, fortement avancé, doit voir le quadruplement de sa surface. La visite que nous proposons correspond à l'ancien aménagement du musée. La structure en sera largement transformée après l'achèvement des travaux.

La visite commence au troisième étage du donjon par la salle des industries lithiques, le « pays des pierres taillées », présentées chronologiquement. Aux galets aménagés, maniés il y a trois millions d'années par les Australopithèques, succèdent les industries abbevilliennes et clactoniennes (- 500 000 ans), puis acheuléennes (- 400 000 à - 120 000) de l'*Homo erectus*. Puis au Moustérien, sous le « règne » de l'homme de Néandertal, les racloirs se font plus nombreux. L'Aurignacien, et son parallèle, le Périgordien (- 35 000 à - 20 000), voit apparaître l'industrie osseuse et l'art (bijoux). Le Solutréen se concrétise par les chefs-d'œuvre de pierres taillées que sont les « feuilles de laurier » et par les aiguilles à chas. Le Magdalénien (- 15 000 à - 9 000) voit la découverte du harpon et de l'hameçon. L'Azilien, l'Épipaléolithique et, à la fin du Paléolithique, le Sauveterrien et le Tardenacien, caractérisés par les microlithes, sont également présentés, ainsi que quelques spécimens du Néolithique et de l'âge du bronze. Des vitrines exposent l'évolution des principaux objets : le biface, outil à tout faire

Le laboratoire du Musée National de la Préhistoire, construit par Froidevaux en 1963-1966.

pendant 600 000 ans, le racloir, le burin et la pointe.

Le deuxième étage du donjon est essentiellement consacré à l'art et à l'industrie osseuse. Une première salle présente différents blocs gravés entre - 35 000 et - 9 000 ans, provenant des gisements de la région : La Ferrassie, Sergeac, Les Eyzies, La Madeleine. Y sont représentés essentiellement des symboles féminins, comme sur la célèbre roche de Lalinde, et des

Vulve gravée, début du paléolithique supérieur, Aurignacien. **Conservée au Musée National de la Préhistoire des Eyzies.**

animaux, comme les aurochs du Fourneau du Diable. La deuxième salle expose de l'art mobilier, des bâtons et des propulseurs ornés, des armes, des objets domestiques (aiguilles, poinçons, sifflets), des parures (colliers et pendentifs en os, dents de cerf, coquillages et fossiles), des statuettes féminines (copies des Vénus de Sireuil, de Tursac, et de la célèbre Vénus de Brassempouy), des motifs phalliques.

Au premier étage, la salle des moulages et documents iconographiques contient des cartes, des tableaux chronologiques et explicatifs. La salle Breuil présente les acquisitions récentes du musée. Au rez-de-chaussée, les salles « sépultures » et « faunes préhistoriques » du bâtiment Renaissance contiennent un récapitulatif des premières découvertes, des méthodes de fouilles, le descriptif de certains sites. Une vitrine expose une série de crânes : Néandertal, Cro-Magnon... Les tombes du Roc du Barbeau (Sauveterrien) et de Saint-Germain-la-Rivière (Magdalénien) sont reconstituées. Une dernière salle recèle des spécimens de la faune (aurochs, renne, ours...).

Avant de partir, tout en profitant du splendide panorama de la terrasse, n'oublions pas de saluer le gardien de pierre du musée, le célèbre *Homme primitif*, sans commettre l'erreur traditionnelle de le confondre

1 - Pointes d'origines et d'âges divers, de lance, de jet, et de flèches. **Musée National de la Préhistoire des Eyzies.**

2 - Galet aménagé, premier outil du premier homme. **Musée National de la Préhistoire des Eyzies.**

3 - Chopper : outil primitif sur galet. C'est l'expression la plus rudimentaire de l'industrie lithique. **Musée National de la Préhistoire des Eyzies.**

4 - Bifaces : en forme d'amande, ovales ou triangulaires, ces « outils à tout faire » de la Préhistoire ont une taille de 11 à 16 cm. **Musée National de la Préhistoire des Eyzies.**

5 - Outils composites versicolores : burin, perçoir... **Musée National de la Préhistoire des Eyzies.**

3

5

Phallus sculptés, tous trouvés en Périgord. **Musée National de la Préhistoire des Eyzies.**

avec l'homme de « Cro-Magnon ». Il pourrait se vexer ! C'est en effet à partir d'ossements néandertaliens découverts à La Chapelle-aux-Saints (Corrèze) que le sculpteur Paul Dardé a créé, en 1930, cet homme primitif qui s'éveille à l'intelligence en contemplant le splendide décor de la vallée.

Les grottes ornées Font-de-Gaume, une magie polychrome

À la sortie des Eyzies, sur la route de Sarlat, un chemin escarpé à flanc de falaise puis une entrée étroite, tourmentée, qui semble faite pour illustrer un roman de Jules Verne ou un film de Walt Disney, nous conduisent à Font-de-Gaume. La grotte, ouverte au public, offre un bel ensemble de gravures et de peintures polychromes, datant pour la plupart de l'époque magdalénienne (- 12 000 ans). Les silex taillés (burins, racloirs, lames) et autres objets découverts lors des fouilles, ainsi que les nombreux graffiti qui, hélas, mutilent certaines peintures, témoignent d'une fréquentation quasi continue depuis le Moustérien jusqu'à nos jours. Décou-

Représentations anthropomorphiques gravées sur os, Magdalénien récent, environ 10 000 ans av. J.-C. **Musée National de la Préhistoire des Eyzies.**

Cheval sculpté. Moulage au **Musée National de la Préhistoire des Eyzies.**

vert en 1901 par D. Peyrony, le long boyau de 130 mètres recèle quelque 250 représentations authentifiées par Capitan et l'abbé Breuil qui en fit le relevé. Le visiteur en découvre une trentaine parmi les plus belles et les mieux conservées. Tout a été fait pour préserver ces trésors : nettoyage des parois, vaporisation d'eau formolée afin d'éviter la propagation des micro-organismes, éclairage très faible au niveau du sol. Après 60 mètres sous terre, on parvient à un rétrécissement : le Rubicon, qui marque le début de la partie ornée. Des points rouges sur la paroi la signalent. Une série de bâtonnets marquera de même le fond de la galerie. Que représentent ces signes que l'on retrouve dans de nombreuses grottes ? Un sanctuaire comme le pense A. Leroi-Gourhan ? C'est probable. Une chose est certaine, les grottes ne servaient pas d'habitat. Les fouilles effectuées ne révèlent pas de trace d'occupation permanente.

Le Rubicon « franchi », nous découvrons la première frise : une douzaine de mammouths et de bisons. Gravure et peintu-

La falaise de Font-de-Gaume aux Eyzies.

re sont là associées. Les contours finement gravés accompagnent le trait noir. La peinture est ensuite appliquée sur la paroi calcaire. Deux couleurs prédominent : le noir et le rouge. Là aussi, comme à Lascaux, le relief de la roche est utilisé pour suggérer le volume. La composition semble donc plus paisible. Sur la droite, dans le diverticule latéral, on découvre plusieurs bisons, rennes et chevaux, mais en partie dégradés par la calcite. De retour dans la galerie principale, une grande frise de cinq bisons gravés et peints se détache sur

L'entrée de la grotte de Font-de-Gaume aux Eyzies.

Plus loin, près du carrefour, on découvre, sur la gauche, la célèbre scène des rennes affrontés : un grand mâle penché sur une femelle, pattes repliées. L'abbé Breuil y voyait un combat. Pourtant, on distingue la langue du renne noir effleurant le front de la femelle.

un fond de calcite blanche. Ces peintures furent redécouvertes en 1966, une fois la paroi débarrassée de sa gangue argilo-calcaire. Sur la droite, une coupe stratigraphique permet de découvrir différents niveaux de formation et d'occupation du sol. Au fond de la galerie, dans un renfoncement appelé « la chapelle aux bisons », on découvre, parmi une douzaine de représentations, quatre bisons polychromes. Une visite plus détaillée permet de découvrir bien d'autres trésors : mains négatives, signes tectiformes, représentation humaine. Même si la file d'attente est longue au pied de la falaise, soyez patients. Font-de-Gaume en vaut la peine.

À 900 mètres au sud, la grotte de Cournazac, découverte en 1976, présente une peinture de mammouth, des gravures et des tracés digitaux. Plus au sud, la grotte de Peyreblanque contient des traces de peintures. Au nord, la grotte des Girouteaux contient des gravures non identifiées.

Les Combarelles, le paradis des chevaux

Découverte en 1901, étudiée par Capitan, Breuil et Peyrony, la grotte des Combarelles, également ouverte au public, se trouve près de la route de Sarlat, à 1,5 kilomètre de Font-de-Gaume. Quelque 800 gravures pariétales s'échelonnent sur les 300 mètres de ce sinueux boyau souterrain. Sur les parois des 120 derniers mètres, un véritable foisonnement de gravures enchevêtrées : mammouths, bouquetins, hémiones, ours, rennes, biches, rhinocéros laineux, bisons, chevaux. Le cheval prédomine largement : près de 140 chevaux s'y peuvent distinguer. Ces gravures datent des phases moyennes et récentes du Magdalénien (entre - 12 000 et - 10 000 av. J.-C.). La grotte est aussi célèbre par ses nombreuses représentations humaines, 48 en tout. Parmi les

Deux spécimens de la grande frise des bisons polychromes. Font-de-Gaume (Les Eyzies).
Photo H. Champollion.

La calcite a recouvert la paroi et protégé ce cheval peint. Font-de-Gaume (Les Eyzies).

Rennes et bisons au carrefour de la galerie principale et du diverticule. Font-de-Gaume (Les Eyzies).
Photos H. Champollion.

masques, mains et silhouettes diverses, on peut distinguer un personnage assis, présenté de profil, aux membres disproportionnés. À ce propos, on peut se demander pourquoi les représentations humaines sont si rares et si peu réalistes. Le débat reste ouvert. Parmi les autres curiosités de la grotte, on peut admirer la gravure d'une lionne, d'un hémione, d'un bouquetin, une des rares peintures des Combarelles, et surtout, celle d'un renne penché, en train de s'abreuver. Les gra-

1

2

3

Les Combarelles (Les Eyzies)

1 - Tête de lionne gravée.

2 - Le célèbre « renne s'abreuvant ». La cavité noire, à gauche, pourrait représenter la profondeur aquatique.

3 - Une vulve et deux figures féminines.

4 - Tête de cheval gravée.

Photos H. Champollion.

vures sont souvent incomplètes, et parmi un véritable lacis de traits et de signes, le visiteur peut, selon les angles d'éclairage, laisser errer son imagination.

La grotte de Combarelles II comporte également une trentaine de gravures. Son entrée fut fouillée par Rivière dès 1892. À l'entrée du vallon des Combarelles, la grotte Rey a livré des outils moustériens, solutréens et magdaléniens. L'abbé Breuil y a vu des gravures illisibles et douteuses.

4

La Mouthe, première grotte ornée découverte en Périgord

À 2 kilomètres au sud des Eyzies, en direction de la grotte de la Mouthe, la route passe sous les rochers du Roc de la Peine, plateforme en surplomb, que l'on peut gagner à pied, et d'où l'on jouit d'un beau panorama sur le village. La grotte de la Mouthe, découverte en 1895, est fermée au public depuis 1981 pour éviter les dégradations. Elle ne rouvrira ses portes que si les œuvres qu'elle contient, des gravures rehaussées de traits d'ocre, ne courent plus aucun risque. Ces œuvres s'échelonnent du Gravettien (- 25 000 ans) au Magdalénien récent (- 10 000 - ans). Après une centaine de mètres, on débouche dans la première des salles dont les plafonds et la paroi gauche sont ornés de profondes gravures : un cheval et quatre grands bovidés aux têtes disproportionnées et de facture archaïque. Plus on s'enfonce dans la grotte et plus le trait de la gravure s'affinera : bisons, rhinocéros, bouquetins, mammouths, taureaux, rennes s'y découvrent. La principale curiosité reste néanmoins ce que l'on pense être la représentation gravée et peinte d'une hutte préhistorique.

Autour de la grotte, se trouvent plusieurs gisements préhistoriques : la grotte du Queylou, celle de Combe-Bétou et l'abri de la Gaubert.

L'entrée de la grotte de la Mouthe.

À Tayac, près de l'église, la grotte de la Croze à Gontran, du nom d'un assassin qui s'y réfugia au siècle dernier, déblayée en 1907, possède plusieurs gravures parfois difficiles à distinguer. Au plafond, se trouve un grand cheval finement gravé. À l'entrée et au fond, on retrouve les habituelles séries de traits énigmatiques. Se fondant sur leur aspect archaïque, l'abbé Breuil situe ces gravures à l'époque aurignacienne (- 30 000 ans). Tout autour de la grotte, les abris Crolus, Delluc, Demelle et Fournier portent des gravures difficilement identifiables et d'origine douteuse.

Abris et gisements

La Micoque : à l'aube de l'humanité

Nous présentons ici les principaux abris où vécurent les populations des Eyzies, dans un ordre chronologique d'habitat présentant une apparente continuité.

Le gisement de La Micoque ne se contente pas de donner son nom au Micoquien, faciès industriel contemporain du début du Moustérien (100 000 ans av. J.-C.). Son niveau le plus bas a livré quelques silex nettement plus vieux, puisque datés de - 450 000 ans, taillés par les premiers habitants des Eyzies. Il fut habité successivement par l'Archanthropien, dont le représentant le plus connu est le Pithécanthrope, et probablement par le premier *Homo sapiens* : l'homme de Néandertal. Fouillée dès 1895, La Micoque a permis à Peyrony de définir le Micoquien et le Tayacien, cette dernière appellation ayant été abandonnée par certains préhistoriens. Les fouilles, entreprises en 1906, continuèrent avec Peyrony, Bordes et J.-Ph. Rigaud. Le site est ouvert à la visite.

Le chantier des fouilles à La Micoque (Les Eyzies).

Fouilles du gisement de la Micoque aux Eyzies, sous la direction de Jean-Philippe Rigaud et André Debenath.

Aurignacien, Périgordien, Solutréen

L'homme moderne, l'homme de Cro-Magnon (autrement dit : nous), apparaît 32 000 ans av. J.-C. C'est lui qui va inventer l'art, orner les premières grottes de dessins et de gravures encore frustes.
La première civilisation, appelée Aurignacien, définie par l'abbé Breuil d'après la grotte d'Aurignac, en Haute-Garonne, s'étend de 32 000 à 25 000 ans av. J.-C. En Périgord, il est caractéristique de certains gisements des Eyzies (Cro-Magnon, Pataud, Croze à Gontran) ou de Castelmerle (abris Castanet et Blanchard).
De 25 000 à 17 000 ans av. J.-C., la période suivante est nommée Gravettien. Outillage et œuvres d'art se diversifient. Du fait de l'importance des sites périgourdins sur ces périodes, en 1933, D. Peyrony a superposé à l'Aurignacien et au Gravettien l'appellation de Périgordien, réparti en 7 phases. La question de cette répartition divise encore les préhistoriens. Aux Eyzies, le vallon de Gorges d'Enfer, l'abri Pataud, celui de Laugerie-Haute et celui de Laussel témoignent du Périgordien.
De 18 000 à 16 000 ans av. J.-C., le Solutréen (de Solutré, en Saône-et-Loire) voit s'affirmer le goût de l'Homme pour l'œuvre d'art. Les silex sont taillés en « feuilles de laurier » remarquables. Laugerie-Haute possède la stratigraphie complète de cette époque.

1

2

3

4

Cro-Magnon, l'homme moderne

L'abri Audi confirme l'occupation des Néandertaliens, son premier niveau renfermant du Moustérien ancien (- 100 000 - ans) et son deuxième, du Moustérien récent (- 40 000 ans), tout comme l'abri Chadourne. Près de l'abri Pataud, l'abri Vignaud marque également la transition vers l'homme moderne. Il a livré une des plus vieilles peintures du monde : une tête de cerf.

Mais c'est à l'Aurignacien (30 000 ans av. J.-C.), avec « l'arrivée » de l'*Homo sapiens sapiens*, que Les Eyzies et ses environs connaissent une véritable explosion démographique et deviennent le centre du monde préhistorique. Cet homme de l'Aurignacien, qui choisit le Périgord pour y vivre et y créer les premières œuvres d'art, nous est connu sous le nom d'homme de Cro-Magnon. C'est dans l'abri Cro-Magnon, visible près de l'hôtel du même nom, qu'ont été découverts, en 1868, cinq squelettes entourés de bijoux et de coquillages. Leur étude, par Lartet, permit de définir un type humain de grande taille (environ 1,80 mètre) et tout à fait semblable à nous, tant par son physique que par sa capacité crânienne. Venait-il d'Asie, comme on le prétend, ou s'était-il développé par mutation à partir des populations précédentes ? Difficile à dire.

Le grand abri de Gorge d'Enfer.

Gorge d'Enfer et l'abri du Poisson

Le vallon de Gorge d'Enfer, ouvert à la visite, renferme sept sites préhistoriques dont un gigantesque abri sous roche. Les abris Lartet et Pasquet présentent les caractères typiques de l'Aurignacien. Fouillé par E. Lartet en 1868, l'abri Lartet livra quelques pointes du Châtelperronien (- 35 000) et des fragments de pierres peintes, traces d'une ancienne décoration due aux artistes aurignaciens. L'abri Pasquet témoigne

Page de gauche.
1 - Stratigraphie de Laugerie-Haute ouest.

2 - Découvert à Laugerie-Haute, ce bovidé gravé date du Magdalénien ancien. **Musée National de la Préhistoire des Eyzies.**

3 - Laugerie-Haute (Les Eyzies).

4 - Vue générale de Laugerie-Haute ouest.

L'abri Pasquet à Gorge d'Enfer.

Herbivores gravés sur bloc d'Oreille d'Enfer, Périgordien récent, vers 25 000 ans.
Musée National de la Préhistoire des Eyzies.

Au sud-ouest du vallon, la grotte d'Abzac fut occupée au Magdalénien.

L'abri Pataud, un remarquable musée de site

Découvert à la fin du XIXe siècle l'abri Pataud fut essentiellement étudié par l'Américain Movius. Les quatorze niveaux archéologiques de l'abri Pataud recouvrent les périodes de l'Aurignacien, du Gravettien et du Solutréen ancien (- 32 000 à - 18 000 ans). Un crâne de type Cro-Magnon, vieux de 20 000 ans, a permis une meilleure connaissance du Périgordien final. L'abri montre, en outre, une figure féminine. Un superbe bouquetin est gravé sur la paroi. Sous l'impulsion d'Henry de Lumley, un musée de site s'est ouvert en 1990. Le public peut y découvrir les coupes du gisement, les trouvailles faites sur place : des outils, le squelette d'une jeune femme et de son enfant, ainsi que la reconstitution de

de la fin de la période aurignacienne.

Toujours dans le val d'Enfer, l'abri du Poisson comporte un premier niveau aurignacien, mais c'est du Gravettien (- 25 000 ans), ou du Périgordien supérieur (- 30 000 ans), que date la sculpture d'un grand saumon exécutée sur le plafond. Cette situation inhabituelle explique que, si la grotte a été trouvée dès 1892, le poisson, lui, ne fut découvert qu'en 1912. Tout près, l'abri et la grotte d'Oreille d'Enfer qui ont livré un bloc gravé d'animaux visible au musée des Eyzies, datent de la même époque. Le Poisson et Oreille d'Enfer peuvent être visités en s'adressant au guide de Laugerie-Haute.

À l'abri Pataud, ce bâton percé en bois de renne, date d'environ 23 000 ans av. J.-C.

Le crâne de « Madame Pataud », moulage, environ 21 000 ans av. J.-C.
Musée du site de l'abri Pataud.

« Madame Pataud ». Le travail du préhistorien est présenté sous diverses formes : fouilles, recherches en laboratoire, etc. Enfin, l'électronique, l'audiovisuel, les jeux, permettent une nouvelle et intéressante approche de la Préhistoire.

Laugerie-Haute, le mètre-étalon de la chronologie préhistorique

Long de près de 200 mètres, le très vaste abri de Laugerie-Haute, ouvert à la visite, a servi de mètre-étalon pour l'établissement de la chronologie préhist-

Découverte à Laugerie-Haute, cette gravure sur os (pattes et trompes de mammouths) date d'environ 14 000 ans av. J.-C.
Musée National de la Préhistoire des Eyzies.

Représentation phallique gravée sur pierre, Périgordien VI, Laugerie-Haute, environ 21 000 ans av. J.-C. **Musée National de la Préhistoire des Eyzies.**

torique grâce à ses 42 niveaux sédimentologiques dont les vastes couches témoins sont présentées au public. Occupé dès la fin du Gravettien (23 000 ans av. J.-C.), il est surtout caractéristique du Solutréen (20 000 à 17 000 ans av. J.-C.) dont il possède toutes les séries stratigraphiques. Il fut abandonné au Magdalénien après l'effondrement, environ 14 000 ans av. J.-C., de sa terrasse supérieure. Avant cela, il formait un des plus grands abris de France avec ses 200 mètres de longueur et 35 mètres de profondeur. Il fut fouillé par Lartet et Christy en 1863 puis par bien d'autres, dont Capitan en 1895, Peyrony en 1921, Bordes en 1955 et Geneviève Guichard de 1968 à 1988. Il porte plusieurs gravures d'animaux datant du Solutréen. À l'ouest, fut trouvée une tombe néolithique.

Laugerie-Haute : symbole sexuel féminin, « vulve » gravée sur pierre, Périgordien VI. **Musée National de la Préhistoire des Eyzies.**

Bovidé gravé sur bloc de Laugerie-Haute, Magdalénien III, vers 15 000 ans. **Musée National de la Préhistoire des Eyzies.**

La grotte Richard (ou grotte des Eyzies), près du musée, dont les découvertes furent à l'origine des premières fouilles archéologiques modernes, en

Le galet gravé de signes géométriques de Laugerie-Haute, Périgordien VII. **Musée National de la Préhistoire des Eyzies.**

1862, fut occupée dès le Solutréen, mais ses dépôts de matières colorantes appartenaient aux artistes du Magdalénien moyen (12 000 ans av. J.-C.). Elle était encore habitée à l'Azilien. On y a trouvé, entre autres objets d'art, deux pendeloques ornées d'un glouton et de quatre chevaux.

de 15 000 à 10 000 ans av. J.-C., y est présent. Il est contemporain des grandes réalisations artistiques des Eyzies (Font-de-Gaume, Combarelles, etc.). Sa dernière couche appartient au Néolithique (5 000 ans av. J.-C.) et au bronze final. On y a trouvé un bloc gravé et des bas-reliefs datant du Magdalénien. Le site fut occupé ensuite par un village troglodytique. Un petit musée présente les trouvailles faites sur place. Laugerie-Basse a livré de surprenantes œuvres d'art, comme la Vénus impudique et la femme au renne.

Habitats préhistoriques de Laugerie-Basse : abri des Marseilles, coupe stratigraphique.
Photo Delon.

Laugerie-Basse : un grand site magdalénien

Au pied de spectaculaires falaises, le gisement de Laugerie-Basse, ouvert à la visite, a livré dans son premier abri de nombreux outils datés du Magdalénien moyen et supérieur, et de l'Azilien, soit de 12 000 à 8 000 ans av. J.-C. Il fut fouillé par Lartet en 1864.

Le deuxième abri, celui des Marseilles, couvre une période plus vaste. Tout le Magdalénien,

Nous n'avons pas fait le tour de tous les abris des Eyzies, dont chaque parcelle de terrain garde des traces du passé. Bien d'autres seraient à citer : La Liveyre, les abris Casserole, de Guilhem, d'innombrables gise-

Habitats préhistoriques de Laugerie-Basse : maisons troglodytiques modernes. Photo Lasvenes.

ments : La Combe, Le Biscot, Esclafer, Malbarrat, Peyrille, Le Tunnel, Souffron, Vidal, etc. À cet inventaire non exhaustif, il conviendrait d'ajouter celui des communes avoisinantes : Le Bugue, Rouffignac, Sireuil, Tursac, Meyrals, que nous étudierons séparément afin d'éviter une « overdose » de Préhistoire.

Colonnes stalagmitiques et petit baldaquin. Grotte de Carpe-Diem (Manaurie). Photo J. Bouscaillou.

Tayac et les grottes à concrétions du Grand-Roc et de Carpe-Diem

Regagnons les temps historiques, pour visiter l'église de Tayac, édifiée comme une forteresse par les moines de l'abbaye de Paunat au XIIe siècle. Les fenêtres ne sont en fait que des meurtrières. Le chevet et la façade sont surmontés, chacun, d'un donjon coiffé de lauzes. Le portail à cinq voussures brisées est de style limousin. Le chevet aux murs de 2,50 mètres d'épaisseur et les chapiteaux du portail montrent des réemplois préromans. La terrasse crénelée du chevet, le réduit défensif du mur ouest, les élévations majestueuses et dépouillées contribuent à classer l'église de Tayac parmi les plus belles églises-forteresses du Périgord.

De l'autre côté de la Vézère, le Roc de Tayac fut d'abord un fort troglodytique avant de devenir, au bas Moyen Âge, une forteresse et un poste de péage pour les bateliers. Transformé en « restaurant aérien » au début du siècle, il abrite aujourd'hui le musée de la Spéléologie. On y expose les équipements des explorateurs, des spécimens de la faune cavernicole, le tout accompagné de tableaux explicatifs.

On peut visiter, nichée parmi les gisements préhistoriques, au-dessus de Laugerie-Basse, la grotte à concrétions du Grand-Roc. Découverte en 1924, elle recèle de très belles « excentriques » ressemblant à des coraux. L'abondance des cristaux, la richesse des formes et des couleurs en font un véritable joyau... vu de l'intérieur.

Sur la route de Périgueux, passé Laugerie-Haute, Manaurie montre une autre grotte à concrétions, ouverte à la visite : Carpe-Diem, aux stalactites colorées. Une autre excavation, la grotte des Ourtalou, n'est pas ouverte à la visite. Sur la route de Rouffignac, on peut voir le rocher de Roc de Pépue, sur lequel Peyrony voyait des gravures préhistoriques qui n'étaient en fait dues qu'à des phénomènes d'érosion.

Falaise de Grand-Roc.

Grotte de Carpe-Diem (Manaurie).
Photo J. Bouscaillou.

Bouquet d'excentriques. Grotte du Grand-Roc.
Photo Repérant.

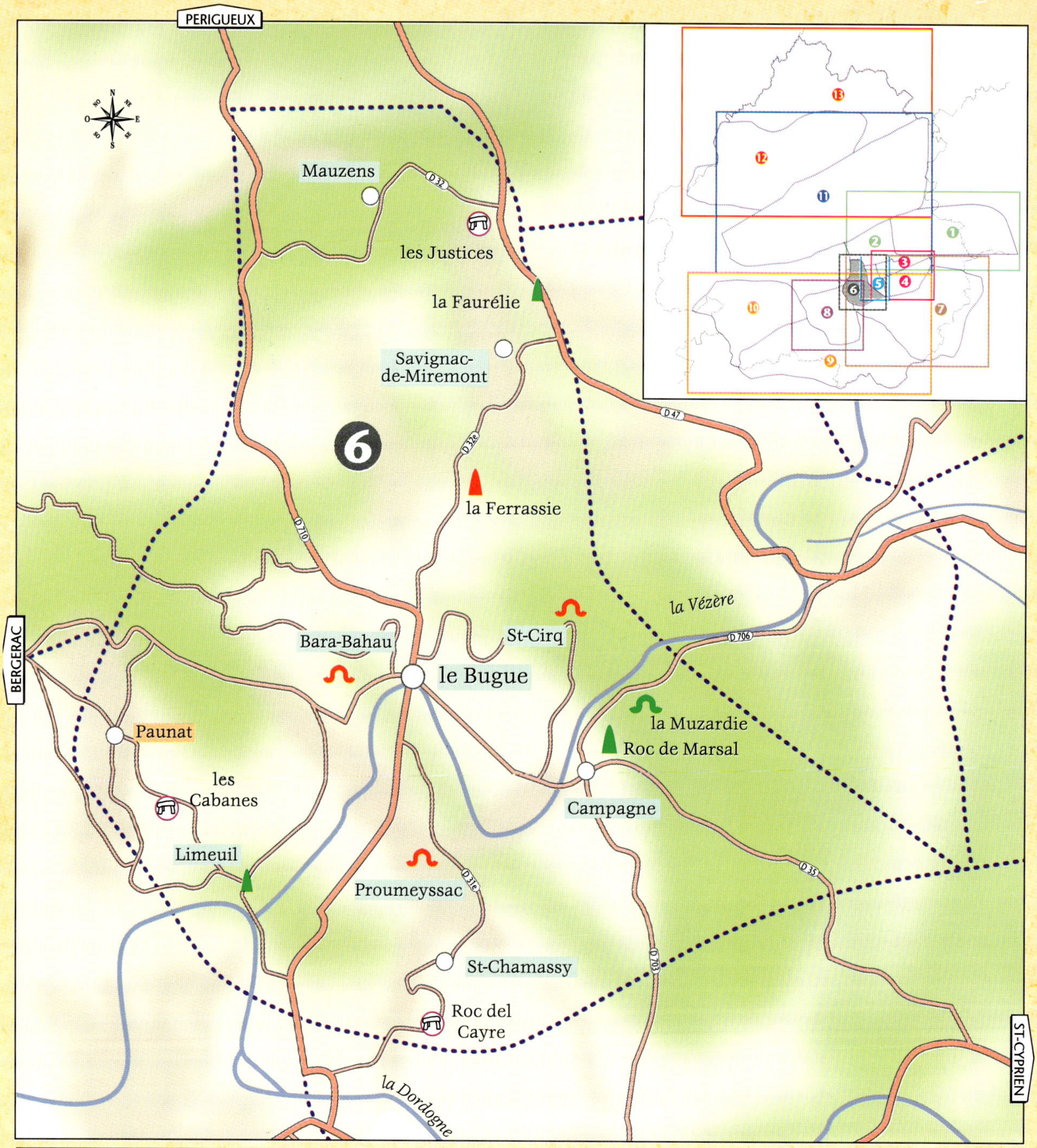

Grotte préhistorique ornée, ou à concrétions, ouverte au public.
Site préhistorique ouvert au public.
Grotte préhistorique ornée (non ouverte au public).
Autre site préhistorique.
Mégalithe
Musée présentant des collections préhistoriques
Limeuil Site ou localité présentant des sites préhistoriques importants
Paunat Site touristique non préhistorique

6 N° d'itinéraire
Limite d'itinéraire décrit dans l'ouvrage

0 1 2 km

Autour du Bugue

Le Bugue, porte occidentale de la Préhistoire : Saint-Cirq, Bara-Bahau et Proumeyssac

Itinéraire 6

Tortue de Saint-Cirq-du-Bugue.

Saint-Cirq et La Ferrassie

La Vézère en aval des Eyzies poursuit son cheminement à travers la Préhistoire. À 5 kilomètres des Eyzies, le petit village de Saint-Cirq-du-Bugue possède une grotte préhistorique ouverte à la visite, dite grotte de Vic ou du Sorcier. Découverte en 1952 par le Sarladais Mortureux auquel se joignit l'abbé Breuil, elle offre quelques dizaines de gravures datées de 13 000 ans av. J.-C., dont un très beau cheval pommelé et une exceptionnelle représentation masculine au visage complet et humain. Cette gravure montre pour la première fois un Magdalénien tel quel. Son aspect tout à fait moderne semble pré-

Sites ouverts à la visite autour du Bugue

*Gouffre de **Proumeyssac** (concrétions), tél. : 05. 53. 07. 27. 47.*
*Grotte de **Bara-Bahau**, tél. : 05. 53. 07. 27. 47.*
*Grotte de **Saint-Cirq** (et musée), tél. : 05. 53. 07. 14. 37.*
*Gisement de **La Ferrassie**, tél. : 05. 53. 06. 90. 80.*
*Musée de **Campagne.***
*Office de Tourisme du **Bugue**, tél. : 05. 53. 07. 20. 48.*
*Syndicat d'Initiative de **Limeuil**, tél. : 05. 53. 63. 38. 90.*

Les randonneurs emprunteront le GR 6 qui relie Les Eyzies, Saint-Cirq, Le Bugue et Limeuil. À voir : la belle église abbatiale de Paunat.

Au Bugue : aquarium, village du Bournat, musée de Paléontologie, maison de la vie sauvage.

Cluzeaux à Saint-Cirq-du-Bugue.

En page suivante : Bara-Bahau. De haut en bas : ours gravé. Les nombreuses traces de l'ancienne présence de l'ours dans cette grotte, alors que la représentation par l'artiste préhistorique de cet animal est très rare, font de Bara-Bahau le sanctuaire de la caverne de l'ours ;

griffades d'ours ;

main gravée.
Photos du site.

senter pourtant un caractère d'obésité. C'est à ce jour une des gravures humaines les plus achevées de l'art pariétal. Près de la grotte, un petit musée présente les trouvailles locales. En même temps que l'abri préhistorique, se visite le fort troglodytique du Pech Saint-Sourd doté de plusieurs souterrains et cluzeaux. En aplomb de la falaise ornée d'un surprenant bouquet de bambous, le site dégage un charme indéniable.

Représentation humaine dite « Le Sorcier » de Saint-Cirq-du-Bugue.

À 5 kilomètres au nord du Bugue, sur la commune de Savignac-de-Miremont, les trois gisements préhistoriques de La Ferrassie, dont l'un, visible du bord de la route, présente une très belle stratigraphie, ont été fouillés à partir de 1896 par de nombreux préhistoriens, notamment D. Peyrony. L'industrie lithique très particulière de ce site permit à F. Bordes de définir un des cinq types d'outillage moustérien. Le niveau le plus ancien, du Moustérien de tradition acheuléenne, est vieux de 100 000 ans et a livré plusieurs sépultures néandertaliennes. Huit squelettes, deux adultes et six enfants, attestent l'existence de rites funéraires élaborés dès cette époque. Dans les niveaux supérieurs, on trouve du Châtelperronien, de l'Aurignacien dont plusieurs blocs gravés de figures archaïques, et du Périgordien. Sur la commune de Mauzens-Miremont, l'abri de La Faurélie, découvert en 1958, fut occupé au Magdalénien supérieur. On y a trouvé des sagaies, des aiguilles à chas, ainsi qu'une parure de coquillages. On peut également voir le polissoir des Justices, où les hommes du Néolithique venaient polir leurs haches il y a 6 000 ans.

Campagne, Le Bugue et Bara-Bahau

Le village de Campagne-du-Bugue offre aux visiteurs son superbe château, entouré d'un vaste parc, surplombé par un massif rocheux, ancien oppidum, éperon barré, percé de nombreux abris et contenant les sites de Poulverouze et du Roc de Marsal. Au flanc de la falaise restent encore les vestiges d'un fort et d'un hameau troglodytiques. Le Roc de Marsal a livré, en 1961, un squelette d'enfant néandertalien, enseveli dans une tombe. La commune recèle encore le gisement préhistorique de la Vergnole et, sur la route de Saint-Cyprien, celui de Péchalifour. Le château de Campagne doit abriter, sur

Tête d'aurochs gravée à gros traits sur la roche tendre. Bara-Bahau.
Photo du site.

3 000 mètres carrés, une réserve et un dépôt de fouilles archéologiques. Il sera ouvert au public et son parc, aménagé. Sur la route des Eyzies, la grotte de La Muzardie a livré, en 1977, une calotte crânienne. Elle comporte plusieurs gravures, dont celle d'un cheval, réalisées au Magdalénien.

Entourée de collines boisées, bâtie en terrasses sur la rive droite d'une boucle de la Vézère, l'accueillante petite ville du Bugue – la « porte d'or de la Préhistoire » – est, avec ses 3 000 habitants, une des principales localités du Périgord Noir.

À 1 kilomètre au nord-ouest se situe la grotte de Bara-Bahau découverte en 1951 par le spéléologue Norbert Casteret. Cette cavité de 100 mètres de long est ouverte au public. Sur une roche friable et molle – l'abbé Glory l'a comparée à du fromage blanc –, les artistes préhistoriques ont gravé à l'aide du doigt, de silex ou de bâtons de mystérieux signes tectiformes et des silhouettes d'aurochs, d'ours, de bisons, de bouquetins, de chevaux. Le style très rustique de ces œuvres a rendu leur datation difficile. L'abbé Breuil y voyait, à tort, les premiers pas de l'art. On pense aujourd'hui qu'elles datent du Magdalénien ancien (15 000 ans av. J.-C.).

Descente en nacelle dans le gouffre de Proumeyssac, à la manière des premiers visiteurs au début du siècle.
Photo du site.

Le gouffre de Proumeyssac et Limeuil

À 3 kilomètres au sud, le gouffre de Proumeyssac est ouvert à la visite. On a longtemps cru qu'il s'agissait d'un « volcan en prenant pour de la fumée les vapeurs humides qui s'en exhalaient ». Au cours des siècles, brigands et autres bandits y précipitaient les cadavres des voyageurs détroussés. Fermé à son sommet par le bailli Jean-Baptiste Pélissier du Barry, au XVIIIe siècle, cet énorme trou de 80 mètres de diamètre au sol ne fut rouvert qu'en 1901 et exploré à l'aide d'une nacelle. Aujourd'hui un tunnel, percé en 1957, permet d'y accéder sans difficulté. On y découvre un aven à concrétions de près de 50 mètres de haut, une grande quantité de stalactites translucides (toujours vivantes grâce au passage d'un ruisseau), des « excentriques » aux formes bizarres, une fontaine pétrifiante et de très étranges cristallisations triangulaires. Le gouffre de Proumeyssac fait partie, selon les dires mêmes de Norbert Casteret, des « plus beaux fleurons de la France souterraine ».

Perché au confluent de la Vézère et de la Dordogne, le village de Limeuil, plein de charme et de poésie, offre depuis l'esplanade du château « la plus belle vue du Périgord », selon Eugène Le Roy. La colline fut habitée aux temps préhistoriques. Situé sous le village, l'important gisement de Limeuil, datant du Magdalénien supérieur (10 000 ans av. J.-C.), fouillé dès 1909 par les abbés Breuil et Bouyssonie, a livré environ 200 plaques couvertes de gravures de rennes et de chevaux. A. Leroi-Gourhan y a vu, un temps, un sanctuaire à éléments mobiles. Il pourrait s'agir d'une école d'art. Le gisement voisin de Font-Brunel date du Magdalénien final. À 3 kilomètres de Limeuil, à Soulalève, la grotte de Lestruque, découverte en 1929, permit la mise au jour de bois de rennes sculptés de têtes de rennes, datant du Magdalénien.

Un peu au sud, près de Saint-Chamassy, au lieu-dit les Brandes, on peut voir, dominant la vallée de la Dordogne, le beau dolmen du Roc del Cayre (ou de Cantegrel), sous lequel fut trouvé un squelette sans tête. Un autre dolmen se situe plus au nord, à Paunat, au lieu-dit les Cabanes.

Vue générale du gouffre de Proumeyssac.
Photo du site.

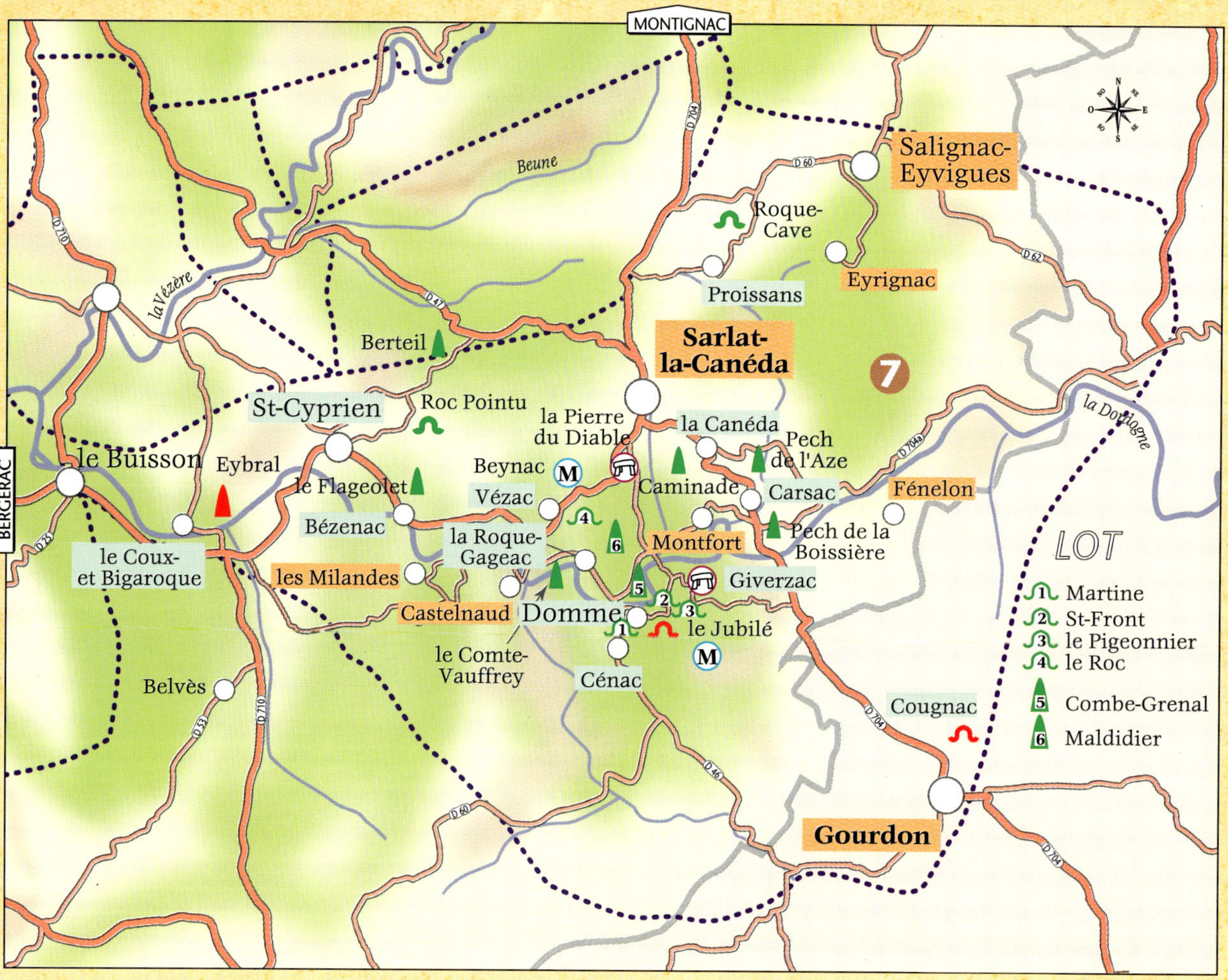

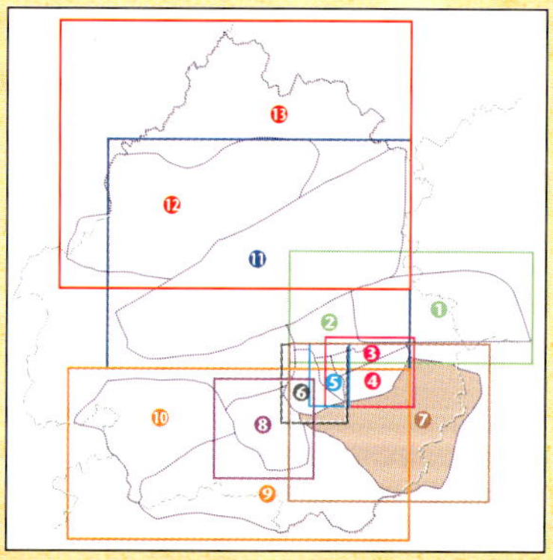

Grotte préhistorique ornée, ou à concrétions, ouverte au public.
Site préhistorique ouvert au public.
Grotte préhistorique ornée (non ouverte au public).
Autre site préhistorique.
Mégalithe
M Musée présentant des collections préhistoriques
Cénac Site ou localité présentant des sites préhistoriques importants
Fénelon Site touristique non préhistorique
7 N° d'itinéraire
Limite d'itinéraire décrit dans l'ouvrage

0 4 8 km

Autour de Sarlat

La vallée de la Dordogne autour de Sarlat, en Périgord Noir

Itinéraire 7

Le Sarladais aux confins de l'humanité : le Pech de l'Aze

Sarlat, capitale touristique du Périgord, offre en elle-même peu de restes préhistoriques : l'abri Cantelouve et le dolmen de la Pierre du Diable où les Sarladais, qui y voyaient l'empreinte des griffes de Satan, venaient brûler les corps des lépreux. Un musée du Sarladais doit ouvrir ses portes dans l'hôtel Plamon, au cœur de la vieille ville. Proissans, outre un étrange mégalithe, route de Salignac, cache la grotte-abri de Roque-Cave, gravée d'un signe quadrangulaire. À La Canéda, l'abri Caminade, en partie effondré, fut fouillé en 1953 par B. Mortureux et D. de Sonneville-Bordes. Occupé au Moustérien et à l'Aurignacien,

Sarlat : le dolmen de la Pierre du Diable.

Sites ouverts à la visite autour de Sarlat et Domme

*Grotte de **Cougnac**, tél. : 05. 65. 41. 47. 54.*
*Grotte du **Jubilé** (Domme)*
*Musée **Paul-Reclus** (Domme)*
*Musée de la **Protohistoire, à Beynac**, tél. : 05. 53. 29. 51. 28.*
*Grotte sépulcrale d'**Eybral, au Coux**.*

*Office de Tourisme de **Sarlat**, tél. : 05. 53. 59. 27. 67.*
*Office de Tourisme de **Domme**, tél. : 05. 53. 28. 37. 09.*
*Office de Tourisme de **Gourdon**, tél. : 05. 65. 41. 06. 40.*
*Syndicat d'Initiative de **Beynac**, tél. : 05. 53. 29. 43. 08.*
*Syndicat d'Initiative de **Saint-Cyprien**, tél. : 05. 53. 30. 36. 09.*
*Syndicat d'Initiative de **Siorac**, tél. : 05. 53. 31. 63. 51.*
*Syndicat d'Initiative de **Carlux**, tél. : 05. 53. 29. 71. 08.*
*Syndicat d'Initiative de **Salignac**, tél. : 05. 53. 28. 81. 93.*

Le GR 6 conduit le promeneur de Sarlat à Carsac, puis le GR 64A suit le cours de la Dordogne de Montfort à Saint-Cyprien. Le 36-64 permet ensuite de rejoindre Les Eyzies. Les châteaux de Salignac, Eyrignac, Fénelon, Montfort, Beynac, Castelnaud, et des Milandes sont ouverts à la visite. Voir la ville médiévale de Sarlat, la bastide de Domme et le village de La Roque-Gageac.

La découverte des falaises de la Dordogne surmontées de châteaux à partir de la rivière, en canoë, est fortement recommandée.

il donne son nom à un type de grattoir de cette dernière époque.

À Carsac, outre l'abri du Roc d'Abeille, nous citerons le gisement du Pech de la Boissière, fouillé par Peyrony, et occupé par les hommes du Solutréen (20 000 à 15 000 ans av. J.-C.) qui y laissèrent une importante industrie lithique (leurs « feuilles de laurier » comptent parmi les plus belles et les plus grandes de la Préhistoire, allant jusqu'à 27 centimètres de longueur pour 7 à 8 millimètres d'épaisseur), et des pierres gravées d'animaux. Le niveau supérieur date du Magdalénien ancien.

L'Acheuléen

L'Acheuléen (de Saint-Acheul, dans la Somme) est le principal faciès culturel du Paléolithique inférieur. En Périgord, il s'étend de 450 000 à 100 000 ans avant notre ère. L'Homo erectus *puis les premiers* Homo sapiens, *qui peuplent nos régions à cette époque, maîtrisent le feu et taillent des bifaces. On ne leur connaît pas de rites funéraires. En Périgord, le gisement de La Micoque, aux Eyzies, et les grottes du Pech de l'Aze et de Vauffrey, dans la vallée de la Dordogne, témoignent de ce passé lointain.*

1

2

De 1 à 8
La taille du silex : à partir du bloc d'origine, Pascal Rau détache un éclat à l'aide d'un percuteur puis l'affine avec un marteau en bois de buis.

3

4

5

6

7

8

La route reliant Sarlat à Gourdon longe, avant Carsac, le grand abri moustérien du Pech de l'Aze, constitué de quatre grottes et abris sous roche. Objet d'une des premières fouilles archéologiques, en 1816 (par F. Jouannet), il fut examiné à nouveau en 1909 par Capitan et D. Peyrony qui y trouvèrent le crâne d'un enfant néandertalien. De nouvelles fouilles entreprises en 1950 par Bordes déterminèrent cinq niveaux de Moustérien de tradition acheuléenne et livrèrent des colorants, ocre et bioxyde de manganèse, utilisés par les hommes de Néandertal. À quelles œuvres d'art, aujourd'hui disparues, étaient-ils destinés ? Dans une deuxième grotte, sous sept niveaux moustériens, furent découverts des ossements de rhinocéros et un niveau acheuléen vieux de 300 000 ou 400 000 ans. Des traces de foyer attestent la maîtrise du feu à cette époque.

La grotte de Cougnac (Lot).

La grotte de Cougnac, près de Gourdon

L'espace de quelques kilomètres, quittons le Périgord pour visiter, juste avant Gourdon, sur la commune de Payrignac, les magnifiques grottes de Cougnac, ouvertes à la visite. Elles sont formées de deux cavités distinctes, ornées par la nature, bien avant l'apparition de l'Homme, d'une véritable féerie de concrétions fluorescentes. Des milliers de fines stalactites ornent les plafonds de la première cavité. Il y a 17 000 ans, les artistes magdaléniens ont dû briser stalactites et stalagmites pour peindre les parois de la deuxième grotte. Découverte seulement en 1949, grâce à la radiesthésie, sa décoration n'est pas classique, car elle comporte, selon Leroi-Gourhan, essentiellement des signes mâles. On peut y voir, parmi plus de 300 motifs, trois représentations d'un cerf géant, le mégacé-

Bouquetin. Cougnac.

Homme percé d'une flèche. Cougnac.
Photo F. Jach.

Le parc archéologique de Beynac. Photo du site.

ros, et deux hommes percés de sagaies. Le style des dessins n'est pas sans rappeler celui de la grotte du Pech-Merle (près de Cahors, ouverte à la visite).

En suivant la Dordogne, autour de Domme

Domme et la grotte du Jubilé

Vitrac, outre le dolmen des Salcets, montre, au-dessus de la chapelle troglodytique de Caudon, deux beaux avens creusés par la rivière. Non loin, la grotte à concrétions du Redoulet se développe sur 1 300 mètres.

La vallée de la Dordogne possède peu de vestiges préhistoriques connus du grand public. Toutefois, Domme est un des centres préhistoriques les plus importants du Périgord. L'écrivain américain Henry Miller ne comparaît-il pas l'acropole de Domme au paradis terrestre : « [...] un paradis en fait dont l'existence doit remonter à des milliers et des milliers d'années. Je suis convaincu que c'était bien cela pour l'homme de Cro-Magnon. Rien ne m'empêchera de croire que si l'homme de Cro-Magnon s'installa ici, c'est qu'il était extrêmement intelligent, avec un sens de la beauté très développé... »

Au cœur de la ville, la halle du XVIIe siècle cache l'entrée de la grotte à concrétions du Jubilé, ouverte à la visite. Longue de 450 mètres, on y découvre un monde féerique de stalactites et stalagmites blanches. Les ossements des bisons et des mammouths présentés sur place ont été découverts lors de la construction du couloir d'entrée. Les grottes de Domme furent fréquentées par les hommes du Paléolithique, qui y laissèrent quelques gravures presque illisibles, et servirent de refuge aux habitants pendant les périodes troublées. Le musée Paul-Reclus est consacré aux découvertes faites à Domme et notamment à la Préhistoire avec une intéressante collection d'outils moustériens.

La grotte de Combe-Grenal, située au pied des falaises, fut fouillée par Jouannet en 1816,

Reconstitution, d'après fouilles, de maisons gauloises. Parc archéologique de Beynac.
Photo du site.

Peyrony en 1891 et Bordes en 1953. Elle compte 64 niveaux archéologiques sur 10 mètres de haut. On y releva 28 niveaux moustériens, contenant quatre des cinq faciès de cette époque. On découvrit une petite fosse ronde, de 70 000 ans et, parmi un outillage de type Quina, une mandibule d'enfant. Située sous la ville de Domme, la grotte Martine, inventée en 1963, montre des peintures et des gravures d'animaux datant du Magdalénien, et des restes de l'âge du bronze et de l'âge du fer. Au hameau de Saint-Front, la grotte de Saint-Front, ou du Mammouth, découverte en 1978, a révélé divers outils du Périgordien et, parmi d'autres gravures, une admirable sculpture en bas relief d'un mammouth datant du Magdalénien ancien. La grotte voisine du Pigeonnier, découverte la même année, contient des gravures d'animaux de la même époque. D'une préhistoire plus récente, on peut voir, près de Domme, un dolmen à l'entrée du château de Giverzac.

Initiation au tissage, l'un des nombreux ateliers pédagogiques proposés aux groupes scolaires. Parc archéologique de Beynac.
Photo du site.

Entre Vaufrey et Eybral, le musée de la Protohistoire de Beynac

Face au château médiéval de Castelnaud, à Cénac, la grotte-abri de Vaufrey, découverte en 1930, fut fouillée de 1969 à 1981 par J.-Ph. Rigaud qui y trouva des outils moustériens, acheuléens et des choppers (outils frustes sur galets). Ce site est essentiel pour l'étude de l'apparition de l'industrie moustérienne. Vau-

Atelier pédagogique. Parc archéologique de Beynac.
Photo du site.

frey, qui n'est qu'une des nombreuses grottes de la falaise du Comte, a livré des poteries et des sépultures datant du bronze moyen.

Atelier poterie. Parc archéologique de Beynac.
Photo du site.

Près du joli village de La Roque-Gageac qui reflète sa falaise dans les eaux vertes de la Dordogne, la petite grotte de Maldidier présente des restes aurignaciens et périgordiens. Selon J.-Ph. Rigaud, qui l'a fouillée, elle pourrait avoir été occupée épisodiquement par des chasseurs d'animaux à fourrure. En aval, la grotte du Roc de Vézac se caractérise par l'absence totale de représentations animales. Ponctuations, mains négatives et deux étranges signes réniformes (en forme de reins) auraient été exécutés à la fin de l'Aurignacien, 25 000 ans av. J.-C. Continuons de descendre le fleuve pour atteindre Beynac qui vient d'ouvrir, sous son château, un musée de la Protohis-

Fouilles préhistoriques du Flageolet à Bézenac.

toire. Entre 5 000 et 50 ans av. J.-C., le chasseur devient agriculteur, les villes se développent. C'est la conquête romaine qui fera entrer la Gaule dans l'Histoire.

Plus loin, à Bézenac, les deux abris du Flageolet furent fouillés par J.-Ph. Rigaud de 1967 à 1984. Le premier abri fut occupé à l'Aurignacien, dès 32 000 ans av. J.-C., puis au Périgordien. Le Flageolet II montre des restes magdaléniens. À Castels, près de Saint-Cyprien, a été découverte, en 1975, la grotte du Roc-Pointu (ou de Redon-l'Espic), ornée d'une belle tête de bison, difficile à dater. Au-dessus de la ville, le vaste oppidum de Berteil, qui ceinture d'une muraille circulaire le sommet de la colline, était déjà peuplé au Néolithique. Au Coux, c'est également du Néolithique que date la grotte-sépulcre d'Eybral. Le site comporte un musée. La tombe collective renferme 80 squelettes, parfois brûlés, datant du Néolithique récent (3 000 ans av. J.-C.). Un crâne porte les traces de deux trépanations auxquelles l'individu a survécu. Un poignard de bronze a également été trouvé au Coux.

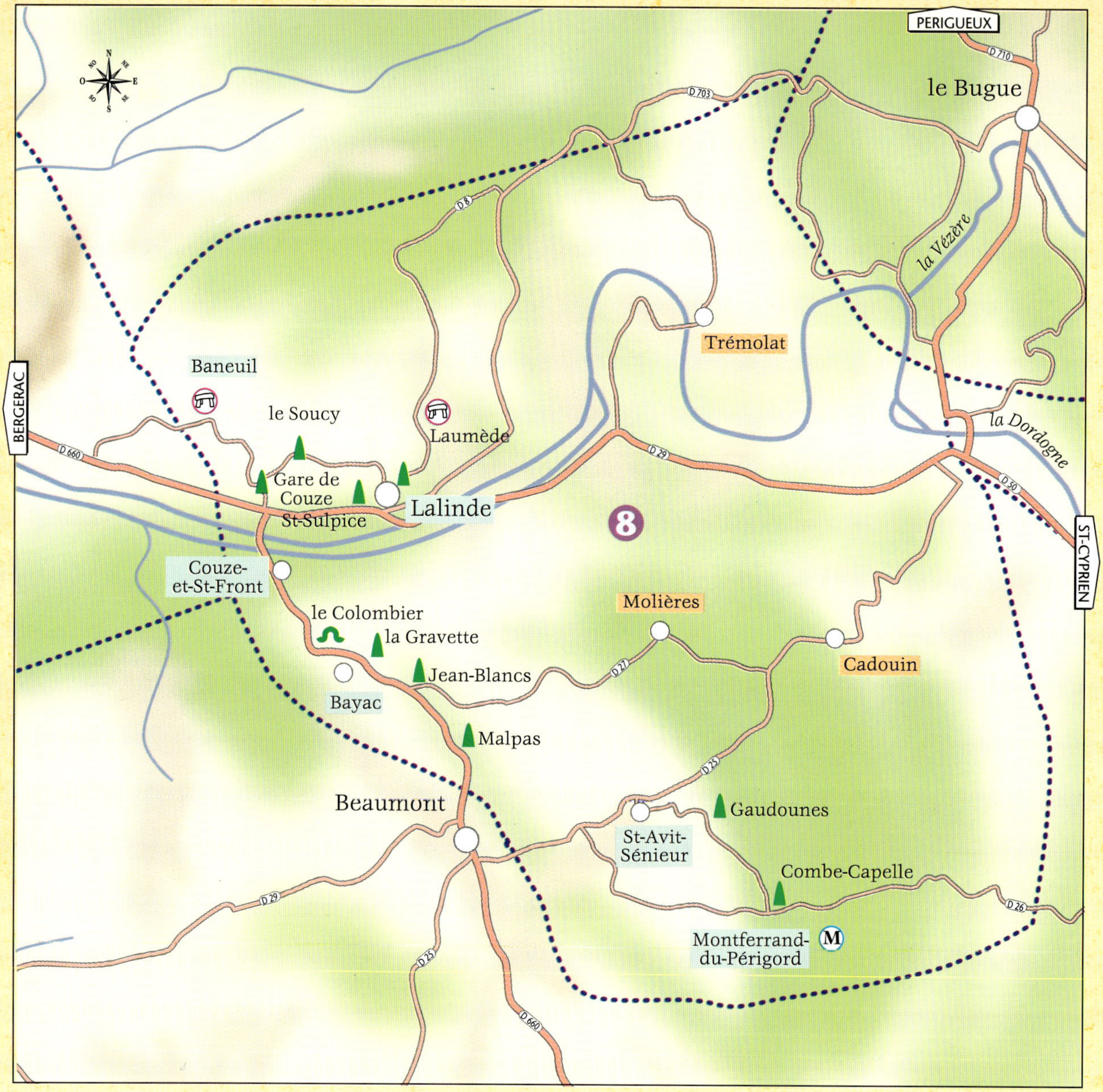

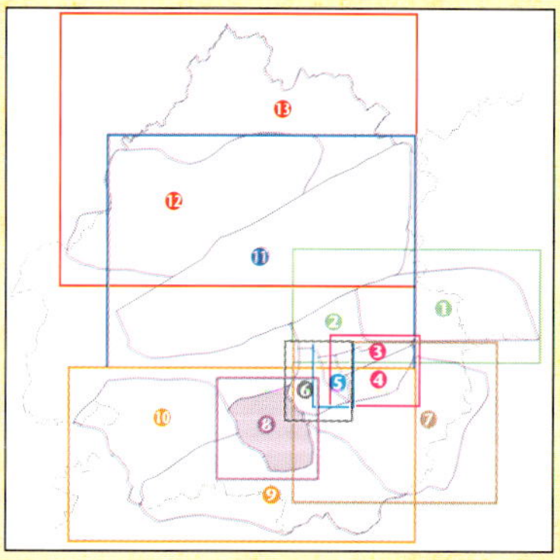

Grotte préhistorique ornée, ou à concrétions, ouverte au public.
Site préhistorique ouvert au public.
Grotte préhistorique ornée (non ouverte au public).
Autre site préhistorique.
Mégalithe
Musée présentant des collections préhistoriques
Bayac — Site ou localité présentant des sites préhistoriques importants
Cadouin — Site touristique non préhistorique
8 — N° d'itinéraire
Limite d'itinéraire décrit dans l'ouvrage

0 2 4 km

De Montferrand à Lalinde

La vallée de la Couze, de Montferrand à Lalinde

Itinéraire 8

Saint-Avit-Sénieur et Montferrand

Au sud du département, la vallée de la Couze, bien que peu connue, est un centre préhistorique de première importance. À l'écart des grands circuits touristiques, le ruisseau déroule sur 25 kilomètres un cours paisible à travers le « pays des Bastides ».

Saint-Avit-Sénieur, outre sa splendide église fortifiée, possè-

Près de Lalinde, la Dordogne, l'autre rivière de la Préhistoire, après la Vézère.

Sites ouverts à la visite dans la vallée de la Couze

Musée de ***Montferrand-du-Périgord***
Projet d'un musée de la ***vallée de la Couze***
Syndicat d'Initiative du ***Buisson****,*
tél. : 05. 53. 22. 06. 09.
Syndicat d'Initiative de ***Lalinde****,*
tél. : 05. 53. 61. 08. 55.
Syndicat d'Initiative de ***Trémolat****,*
tél. : 05. 53. 22. 89. 33.

Le GR 6E permet au promeneur de découvrir les beautés de la vallée : village de Sainte-Croix, église de Saint-Avit-Sénieur, château de Bannes, sites de Bayac et de Couze (musée du papier), bastide de Lalinde. Voir également l'abbaye de Cadouin et l'église de Trémolat.

Gorge d'Enfer (Les Eyzies) : l'abri du Poisson. Ce saumon, long de 1,10 m, daté d'environ 23 000 ans av. J.-C., est une des rares représentations connues d'un poisson dans l'art pariétal.

de de nombreuses traces d'un passé lointain, dont les plus connues restent les deux gisements préhistoriques de Combe-Capelle. En 1909, Hauser découvrit au roc de Combe-Capelle, au-dessus de niveaux solutréens, gravettiens et aurignaciens, une sépulture châtelperronienne datée de 35 000 ans av. J.-C., renfermant le squelette paré de coquillages d'un être humain semblable à Cro-Magnon mais possédant encore quelques caractéristiques du Néandertalien : l'homme de Combe-Capelle, exposé avant la guerre au musée de Berlin et qu'un bombardement détruisit en 1944. Il s'agit du plus vieil *Homo sapiens sapiens* connu, notre ancêtre direct en quelque sorte. Combe-Capelle permit à D. Peyrony de décrire le Périgordien ancien, et à Breuil de mieux connaître le passage du Périgordien au Solutréen. Haut de Combe-Capelle renferme, quant à lui, du Moustérien de tradition acheuléenne, vieux de mille siècles. Sur la commune se trouvent encore les gisements de Patary et Fontaine-de-Gaudounes. Le site de Thermo-Pialat livra une plaquette avec deux représentations féminines aurignaciennes.

On peut aller voir de l'autre côté de la vallée, dans le village de Montferrand-du-Périgord, riche en sites du Moustérien de tradition acheuléenne, un petit musée (mairie) consacré à la préhistoire de la vallée de la Couze.

Bayac, capitale du Gravettien

Bayac est la capitale préhistorique de la vallée de la Couze. À l'entrée du village, le gisement de la Gravette, site éponyme du Gravettien, fut fouillé dès 1880. Il révéla deux niveaux aurignaciens (dont le second, caractérisé par des petites pointes foliacées, fut autrefois appelé Bayacien) et trois niveaux gravettiens où l'on découvrit de nombreuses petites pointes à bord rectiligne abattu : les pointes de la Gravette. C'est au Gravettien ou Périgordien récent, que l'homme de Cro-Magnon perfectionne l'art de la gravure pour créer, par exemple, le magnifique saumon de Gorge d'Enfer aux Eyzies et la plupart des Vénus préhistoriques. Autour de Bayac se trouvent plusieurs gisements préhistoriques : Mazerat, Colombier (petite grotte ornée), la Cavaille et Le Malpas.

Entre Bayac et Bourniquel, les deux abris des Jean-Blancs (ou Champs-Blancs) furent fouillés à partir de 1912 par Bouyssonie et Peyrony qui mirent au jour une magnifique industrie lithique solutréenne et quelques blocs gravés au Magdalénien ancien (fouille actuelle J.-J. Cleyet-Merle). Le projet d'un musée de la vallée de la Couze est à l'étude.

Les représentations féminines de Lalinde et Couze-et-Saint-Front

Au confluent de la Couze et de la Dordogne, le village de Couze-et-Saint-Front, en partie troglodytique, s'étage du bord de l'eau au sommet du coteau. Hormis le trou préhistorique du Peyrol, la commune recèle le gisement de Gare-de-Couze, constitué d'une grotte, de deux abris et d'un habitat de plein air. Étudié par Peyrony, puis par Bordes, il livra une plaque gravée de représentations féminines datées du Magdalénien supérieur (visible au musée des Eyzies), et donna son nom à un microlithe : le rectangle de Couze.

Bordée par la Dordogne, la bastide de Lalinde compte plusieurs sites préhistoriques : Saint-Sulpice-des-Magnats et surtout La Roche à Lalinde qui a livré une dalle couverte de représentations féminines, datant du Magdalénien récent (10 000 ans av. J.-C.) et dont on peut voir la reproduction au musée des Eyzies. L'abri du Soucy, découvert en 1881, est un gisement majeur du Magdalénien supérieur, ce que confirme une importante industrie lithique et osseuse, et un riche art mobilier dont le célèbre « churinga », un des rares instruments de musique connus. Les amateurs de mégalithes pourront découvrir le dolmen de Laumède, et celui de Baneuil, près de la mairie de ce village. Un général anglais reposerait sous ce dernier.

Châtelperronien et Gravettien

Entre 35 000 et 30 000 ans av. J.-C., le Châtelperronien, défini par l'abbé Breuil à partir du site de Châtelperron, dans l'Allier, marque la transition entre le Moustérien et le Paléolithique supérieur. C'est au cours de cette mystérieuse période que l'homme moderne va remplacer l'homme de Neandertal, sans qu'il y ait véritablement de rupture d'industrie. En Périgord, on le rencontre à Combe-Capelle, la Ferrassie et le Moustier. Après l'Aurignacien, qui voit triompher la civilisation des Cro-Magnon, le Gravettien (25 000 à 17 000 ans av. J.-C.) se caractérise par de remarquables sculptures : Vénus de Laussel, saumon de l'abri du Poisson. La Gravette, La Ferrassie et Laugerie-Haute présentent d'importantes stratigraphies de cette époque.

***La Roche à Lalinde : bloc gravé de représentations féminines magdaléniennes.* Musée National de la Préhistoire des Eyzies.**

MONTPON
PERIGUEUX
PAIR-NON-PAIR
CASTILLON
10
Bergerac
Dordogne
Port Ste-Foy
Ste-Foy-la-Grande
Razac-de-Saussignac
Les Plaguettes
GIRONDE
la Fourtonie
les Bertranoux
Lamonzie-Montastruc
Corbiac
Toutifaut
Grateloup
Cantalouette
Troche
Bordas
Creysse
St-Capraise-de-Lalinde
la Mérigode
Lanquais
Faux
le Bourdi
Campguilhem
Roc-de-Ser
Rouffignac-de-Sigoulès
Monbazillac
la Fontanglière
Bridoire
Singleyrac
Roc-de-la-Chèvre
Issigeac
St-Léon-d'Issigeac
Plaisance
Boisse
les Rozières
Montgerma
Roc de Cause
Eylias
Eymet
Lauzun
Castillonnès
LOT-ET-GARONNE
D 708
D 20
D 709
D 936
D 18
D 4
D 32
D 660
D 19
D 13
N 21
D 933
D 14
D 15
D 25
D 1
D 2
M
0 2 4 km
Cartographie ACTUAL · 03 25 71 20 20
Reproduction interdite sauf autorisation · 02/97

De Belvès à Bergerac

Itinéraire 9
et
Itinéraire 10

- Grotte préhistorique ornée, ou à concrétions, ouverte au public.
- Site préhistorique ouvert au public.
- Grotte préhistorique ornée (non ouverte au public).
- Autre site préhistorique.
- Mégalithe
- M Musée présentant des collections préhistoriques
- Issigeac Site ou localité présentant des sites préhistoriques importants
- Issigeac Site touristique non préhistorique
- 9 N° d'itinéraire
- Limite d'itinéraire décrit dans l'ouvrage

Sites ouverts à la visite entre Belvès et Eymet

*Musée d'**Eymet***
*Dolmen du **Blanc, à Nojals-et-Clottes***
*Syndicat d'Initiative de **Beaumont**, tél. : 05. 53. 22. 39. 12.*
*Syndicat d'Initiative de **Belvès**, tél. : 05. 53. 29. 10. 20.*
*Syndicat d'Initiative d'**Eymet**, tél. : 05. 53. 23. 74. 95.*
*Syndicat d'Initiative d'**Issigeac**, tél. : 05. 53. 58. 79. 62.*
*Syndicat d'Initiative de **Monpazier**, tél. : 05. 53. 22. 68. 59.*
*Syndicat d'Initiative de **Villefranche-du-Périgord**, tél. : 05. 53. 29. 98. 37.*

La plupart des dolmens vivent « à l'état sauvage », au milieu des bois ou au coin d'un champ. Ils pourront être découverts par le visiteur, à condition qu'il respecte la propriété privée et ne dégrade pas les cultures. Le GR 36 conduira vos pas de Saint-Cyprien à Belvès, puis à Monpazier.

Outre les curiosités préhistoriques, le voyageur ne manquera pas de voir les cités médiévales de Belvès et d'Issigeac, les bastides de Villefranche-du-Périgord, Monpazier, Beaumont, Eymet, Monflanquin, Villeréal, Castillonés, les châteaux de Biron et de Bonaguil, les églises d'Urval et de Besse.

Sites ouverts à la visite en Bergeracois et Bordelais

*Musée de **Bergerac** (Maison Peyrarède), tél. : 05. 53. 63. 04. 13.*
*Musée de **Sainte-Foy-la-Grande***
*Musée d'Aquitaine, à **Bordeaux**, tél. : 05. 56. 01. 51. 00.*
*Grotte de **Pair-Non-Pair, à Prignac-et-Marcamps**, tél. : 05. 57. 68. 33. 40.*
*Office de Tourisme de **Bergerac**, tél. : 05. 53. 57. 03. 11.*
*Office de Tourisme de **Sainte-Foy-la-Grande**, tél. : 05. 57. 46. 03. 00.*
*Office de Tourisme de **Bordeaux**, tél. : 05. 56. 00. 66. 00.*
*Syndicat d'Initiative de **Sainte-Alvère**, tél. : 05. 53. 27. 59. 99.*
*Syndicat d'Initiative de **Saussignac**, tél. : 05. 53. 22. 49. 11.*
*Syndicat d'Initiative de **Sigoulès**, tél. : 05. 53. 58. 48. 16.*
*Syndicat d'Initiative de **Vergt**, tél. : 05. 53. 03. 45. 10.*
*Syndicat d'Initiative de **Villefranche-de-Lonchat**, tél. : 05. 53. 58. 63. 16.*

Le GR 6 suit la rive gauche de la Dordogne par Lalinde, Couze, Lanquais et Monbazillac. Le visiteur ne manquera pas de voir la vieille ville de Bergerac, les vignobles et les châteaux de Monbazillac, Lanquais et Montaigne, ouverts à la visite.

Près de Beaumont, l'allée couverte du Blanc, vieille de 5 000 à 7 000 ans.

ENTRE BELVÈS ET ISSIGEAC : LES DOLMENS DU PAYS DES BASTIDES

Itinéraire 9

Autour de Belvès

Il n'est pas de dolmens qu'en Bretagne. Vieille terre préhistorique, le Périgord compte environ 200 mégalithes, et beaucoup d'autres ont été détruits au cours des siècles. Plus de 6 000 ans après la disparition des artistes de l'âge du renne, 4 000 à 2 000 ans av. J.-C., les hommes du Néolithique et de l'âge du cuivre ont couvert notre pays de monuments de pierre. Au sud de la rivière Dordogne, le « pays des bastides » en regroupe un grand nombre, parmi les plus beaux.

Sur la commune de Siorac, en suivant la route de Belvès à Urval, après le lieu-dit Bonarme, le nom du dolmen, Cayreleva, est indiqué à droite. Un kilomètre plus loin, dans un jardin, on découvre une belle table de pierre, haute de 1,50 mètre, sous laquelle des haches de pierre polie ont été découvertes. À 200 mètres du lieu-dit Bonarme (commune de Saint-Pardoux-et-Vielvic), sur un chemin de terre, une inscription indique le « dolmen de Bonne-Arme ». À demi enterré sous un tumulus, ce dolmen montre trois cupules, creusées, selon la légende, par les sabots d'une vache ou du cheval du Diable. Quelques kilomètres plus loin, près de la mairie de Saint-Amand-de-Belvès, on peut voir, du bord de la route, sur une propriété privée, le beau dolmen de Langlade, de plus de 3 mètres de long, entouré de blocs de pierre qui pourraient être des menhirs. Au-dessus d'Urval, la bastide avortée de Castelréal dissimule un site de l'âge du bronze.

Entre Beaumont et Monpazier : l'allée couverte du Blanc

Partons maintenant découvrir, à 3 kilomètres au sud de la bastide de Beaumont, au bord de la D 676 (commune de Nojals-et-Clottes), un des plus beaux mégalithes du Périgord : l'allée couverte du Blanc. Deux tables et sept supports sont encore en place, l'ensemble mesurant plus de 12 mètres de long. Selon la

Le Néolithique

De 5 000 à 2 000 ans av. J.-C., s'étend le Néolithique ou âge de la pierre polie. La « révolution agricole », déjà présente au Proche-Orient, gagne le Périgord vers 5 000 ans av. J.-C. Avec la culture et l'élevage, outils, mœurs, croyances vont se modifier fortement. Il faut abattre des arbres, stocker du grain. Entre 5 000 et 2 000 av. J.-C., les dolmens s'élèvent nombreux sur le sol périgourdin. Il en reste plus de 200, surtout au sud du département. Ces grottes artificielles servirent de tombes. Plus tard, vers 2 000 av. J.-C., on utilisera des grottes sépulcrales collectives, comme à Campniac, près de Périgueux, ou Eybral, dans la vallée de la Dordogne.

tradition, la Vierge Marie aurait dressé ces pierres pour protéger une bergère surprise par un orage... ou par quelque coquin. À 500 mètres de là, au bord de la route de Naussanes, se dresse le dolmen de Peyre-Nègre, haut de plus de 2 mètres.

Piquons au sud pour visiter les deux mégalithes de Sainte-Sabine. Sur la D 24, au lieu-dit Larocal, en s'enfonçant légèrement dans les bois, le grand dolmen de la Case du Loup lève devant nous ses 2,5 mètres de haut, sur 3 mètres de long. Prenez garde ! La légende raconte qu'un loup gigantesque, un monstre aux yeux de flamme, y gîte parfois. Un peu plus loin, à 500 mètres du lieu-dit Pincanelle, le dolmen de Roc de Cause couche ses 5 mètres de long. À Rampieux, lieu-dit Peyrelevade, en plein champ, un dolmen vous attend, sagement couché sous un tumulus. À Saint-Cassien, route de Tourliac, au lieu-dit La Borie, les hommes du Néolithique ont laissé un gros polissoir. Après le village de Barriat, vous prendrez la direction de La Courrège pour découvrir, au bord d'un chemin pédestre, une deuxième allée couverte de 6 mètres de long, dont il reste treize supports. Sur la commune de Marsalès, au lieu-dit La Borie-Neuve, à 100 mètres de la D 2, une troisième allée couverte porte le nom d'Oustal-du-Loup. Elle conserve treize piliers, sur 7 mètres de long.

À 4 kilomètres de la bastide de Monpazier, au lieu-dit Lavalade, se dresse le menhir de Peyraguda. À la limite du Lot-et-Garonne, au bord de la D 104, près du hameau de La Brame (commune de Vergt-de-Biron), le dolmen du Point-du-Jour, long de 6 mètres, est un des plus gros du Périgord.

Incursion en Lot-et-Garonne, entre Fumel et Gavaudun : le Sauveterrien

En Lot-et-Garonne, la découverte, en 1928, de l'abri du Martinet, à Sauveterre-la-Lémance, a permis de définir le Sauveterrien (8 000 ans av. J.-C.). Cette période du Mésolithique se caractérise par la taille de minuscules silex destinés aux pointes de flèche. Près de Fumel, les grottes de Monsem pron et de Las Pelenos, et celle de la Pronquière, à Saint-Georges, sont du Moustérien. Tout près de la frontière périgourdine, au sud de Biron,

L'allée couverte du Blanc, l'un des plus beaux mégalithes du Périgord.

Gavaudun montre trois sites allant du Moustérien au Périgordien : Plateau-Baillard, Peyrony et Roc-de Gavaudun. À Trentels, la grotte de Cassegros (Magdalénien) est la seule grotte ornée du département.

D'Issigeac à Eymet : la balade du général anglais

Plus à l'ouest, la région d'Issigeac est, elle aussi, riche en mégalithes. Boisse, outre le dolmen des Rozières, montre un menhir, au bord de la route, au lieu-dit Mongerma. Dans un champ, au lieu-dit Le Brel, commune de Saint-Léon-d'Issigeac, se cache un dolmen presque carré, de 4 mètres de côté. À Plaisance, au lieu-dit Fondargent, le dolmen du Roc de la Chèvre dissimule, selon la légende, le corps d'un général anglais tué pendant la guerre de Cent Ans. À Faux, face à la piste d'autocross, un chemin de terre vous conduit au dolmen de Campguilhem. Il dissimulerait les restes du capitaine Guilhem, chef de guerre anglais, tué lors d'une bataille. Tout près de la D 19, au lieu-dit Le Bourdil, la Pierre du Général cache, elle aussi, « le squelette baladeur » d'un officier anglais (pas moins de quatre dolmens périgourdins revendiquent la gloire vengeresse de servir de sépulture à l'envahisseur). Le Bourdil livra, en effet, des crânes, des os et des pointes de flèche, bien antérieurs à la guerre de Cent Ans. Tout près de la D 19, au lieu-dit Les Grèses, une grande pierre plate de 5 mètres de long est tout ce qui reste du dolmen du Roc de Ser. Si l'on récite un *Ave Maria*, la pierre tourne neuf fois sur elle-même. Essayez, vous verrez ! À l'extrême sud du département, à 1 kilomètre de la bastide d'Eymet, au lieu-dit Eylias, se trouve un dolmen classique, à quatre supports, dissimulé au milieu des vignes. Notons que le musée d'Eymet présente d'intéressantes collections préhistoriques.

AUTOUR DE BERGERAC, EN PÉRIGORD POURPRE

Itinéraire ⑩

Lanquais, la Ruhr du silex

Après Couze, le paysage change, les falaises plus rares ne se rencontrent que sur la rive droite de la Dordogne, et les gisements occupent les fonds de vallée, les moyennes terrasses de la rivière, des replats plus ou moins étagés sur les pentes, les pentes elles-mêmes, les sommets des plateaux, en plein champ. Car, contrairement à ce que l'on croit, l'homme ne s'est pas cantonné aux abris sous roche, même en climat rigoureux. Entre Lalinde et Sainte-Foy-la-

Grande, on connaît plus de 100 sites plus ou moins fouillés et près de 300 répertoriés. L'intense fréquentation de cette région est due à la richesse d'une matière première de qualité supérieure, qui se présente sous forme de rognons énormes (parfois plus gros qu'une cuisse d'homme) : le silex. On a pu parler d'une « Ruhr du silex ». Aussi fut-il littéralement « exporté » en d'autres régions moins favorisées. Mais, recouverts seulement d'une faible couche sédimentaire, beaucoup de ces gisements ont été ravagés par les labours et les travaux du génie civil. Ils furent la proie de maints collectionneurs. Avant 1914, le boulanger de Cours-de-Pile, spécialisé dans ce commerce, vendit à l'abbé Breuil, au sortir du séminaire, sa première collection. « Écrémés », amputés de restes osseux (détruits par l'acidité du sol), ces sites étaient tenus, jusqu'à une date récente, pour impropres à la recherche scientifique. Des prospections et des fouilles systématiques, entre 1957 et 1971 (J. et G. Guichard), permirent d'inventer toute une série de gisements parfaitement en place, certains en stratigraphie, et laissant apparaître des « structures » riches en enseignements.

En repartant de Couze, quelques kilomètres au sud-ouest, se trouvent Lanquais (château à voir) et sa forêt, où chaque arbre arraché libère des centaines de produits de débitage (Campignien). On est sur un gigantesque atelier de taille de haches, de pics, de tranchets, tous outils de défricheurs. On est à l'aube de l'agriculture (localement vers 2 000 à 1 500 ans av. J.-C.), ce qui a impliqué le défrichement de l'épaisse

Percuteur et marteau en buis utilisés pour la taille du silex.

forêt (notamment de pins sylvestres, fouilles M.-C. Cauvin, 1965). L'étendue de cette série d'ateliers proches les uns des autres couvre plusieurs dizaines d'hectares : La Mérigode en est le plus important. Cette même industrie, dans les mêmes proportions, se trouve aux Platans (Saint-Capraise-de-Lalinde), et à La Canéda-Fourtonie (Lamonzie-Montastruc).

Près de Lanquais, le site paléolithique de Rabier (Périgordien supérieur à microgravettes) occupe le fond de la petite vallée du Caudeau. Très riche (plusieurs dizaines de milliers d'objets sur près de 200 mètres carrés de décapage horizontal), il contenait, entre autres, une gravure, des traces de peinture, mais surtout les plus grandes lames paléolithiques connues (jusqu'à 35 centimètres), qui ne seront dépassées qu'au Magdalénien dans des structures de « cabanes » (découverte et fouilles J. et G. Guichard, 1961, dépôt musée des Eyzies).

Bergerac, la Préhistoire au milieu des vignes

Entre Mouleydier et Bergerac, surtout autour de Creysse, capitale du Pécharmant, sur la rive droite de la rivière, existe une multitude de gisements qui s'échelonnent de l'Acheuléen au Magdalénien : Cantalouette (Acheuléen) ; Les Pendus (Acheuléen moyen, ± 200 000 ans), qui a donné en moins de 20 mètres carrés plus de 300 bifaces d'un type particulier (type « Les Pendus ») ; les Bertrannoux (Acheuléen supérieur) ; le site de Barbas (plusieurs niveaux d'Acheuléen et du Moustérien de tradition acheuléenne, surmontés d'une couche d'Aurignacien). Là encore, certains mètres carrés recelaient de 6 à 20 bifaces. Non loin, les deux gisements de Troche et de Canaule I contenaient une industrie jusqu'alors inconnue : du point de vue de la technique, il y a comme un « passage » du Paléolithique moyen au Paléolithique supérieur. Canaule II, avec ses structures, est du Châtelperronien, et l'« Usine Henri », à l'aplomb de Canaule, est du Magadalénien final (tous découverts et fouillés par J. et G. Guichard, dépôt musée des Eyzies).

À 3 kilomètres de Bergerac, dans le très riche gisement du château de Corbiac (fouilles F. Bordes), gisait une très importante industrie du Périgordien supérieur à gravettes. Il a donné son nom à un type de burin.

Un peu au nord-ouest, près de Maurens, il y a encore les sites des Aillas (parfois dit Aillac), habitat périgordien assez semblable à Corbiac, et de Toutifaut, où les objets du Moustérien de tradition acheuléenne et de l'Aurignacien sont en nombre incroyable (fouilles J. et G. Guichard, dépôt musée des Eyzies). Il y a bien d'autres sites moins importants ou plus abîmés que l'on ne citera pas ici : mentionnons toutefois celui de Grateloup près du château du philosophe Maine de Biran. Bien entendu, le Néolithique est partout présent mais, moins enfoui, il a été complètement dispersé, ramassé, et les belles haches polies sont désormais introuvables. On regrettera plus spécialement le très beau site de la Fontanglière, à Rouffignac-de-Sigoulès, où une splendide grotte sépulcrale chalcolithique, avec de nombreux squelettes et un riche matériel (superbes poignards en silex) a été complètement pillée et dont les vestiges ont été dispersés.

De beaux échantillons de toutes ces industries peuvent être vus au musée de Préhistoire de Bergerac, situé dans le vieux quartier rénové, à côté des musées d'Art sacré, de la Batellerie et du Tabac qui, tous, valent largement la visite.

À Razac-de-Saussignac, le site des Plaguettes a livré une figurine de terre cuite datant de l'Artenacien, 4 000 ans av. J.-C. À Port-Sainte-Foy, et au Fleix, la rivière Dordogne dissimulait des armes de bronze, découvertes après dragage.

On pourra voir avec profit le musée de Sainte-Foy-la-Grande, patrie de Broca, fondateur de l'anthropologie physique (qui étudia les crânes de Cro-Magnon), du grand géographe Élisée Reclus, et d'Élie Faure, grand historien de l'art français. C'est un joli point d'orgue aux richesses du Périgord : on se trouve aux portes de la Gironde...

En suivant la Dordogne, de Sainte-Foy à Bordeaux : la grotte de Pair-Non-Pair

En Gironde, les rives de la Dordogne s'étagent de sites préhistoriques importants. À Pessac-sur-Dordogne, l'abri du Morin a livré un riche art mobilier magdalénien. À Lugasson, la grotte de Mitrot présente un tectiforme, probablement du Magdalénien, tout comme la grotte Fontarnaud voisine. À Cessac, l'abri Faustin montre des gravures du Magdalénien, tout comme l'abri Pille-Bourse, à Saint-Germain-la-Rivière (un cheval et un être humain). À Saint-Quentin-de-Baron se trouvent deux sites magdaléniens : Moulin-Neuf et la grotte de Jaurias, et l'abri gravettien de Lespaux. À Marcamps, la grotte ornée de Pair-Non-Pair, découverte en 1881, occupée du Moustérien au Périgordien, a révélé des œuvres d'art aurignaciennes. Elle est considérée comme la plus ancienne grotte ornée du monde. Le public peut admirer ses sept panneaux gravés d'animaux préhistoriques. Sur la commune se trouvent également la grotte des Fées, surmontée du gisement du Roc-de-Marcamps, tous les deux du Magdalénien.

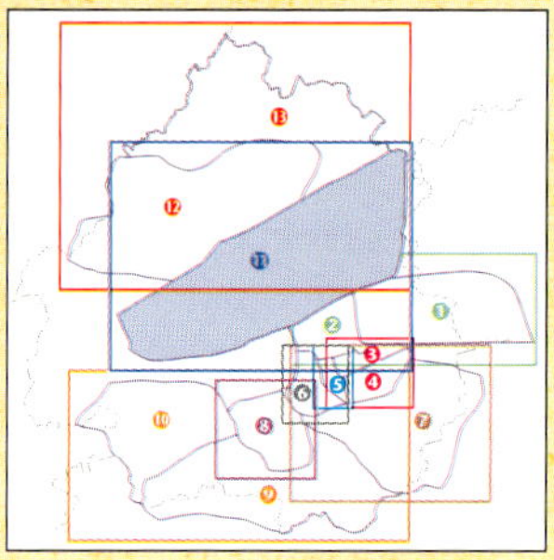

Grotte préhistorique ornée, ou à concrétions, ouverte au public.
Site préhistorique ouvert au public.
Grotte préhistorique ornée (non ouverte au public).
Autre site préhistorique.
Mégalithe
M Musée présentant des collections préhistoriques
Issigeac Site ou localité présentant des sites préhistoriques importants
Issigeac Site touristique non préhistorique
11 N° d'itinéraire
Limite d'itinéraire décrit dans l'ouvrage

0 2 4 km

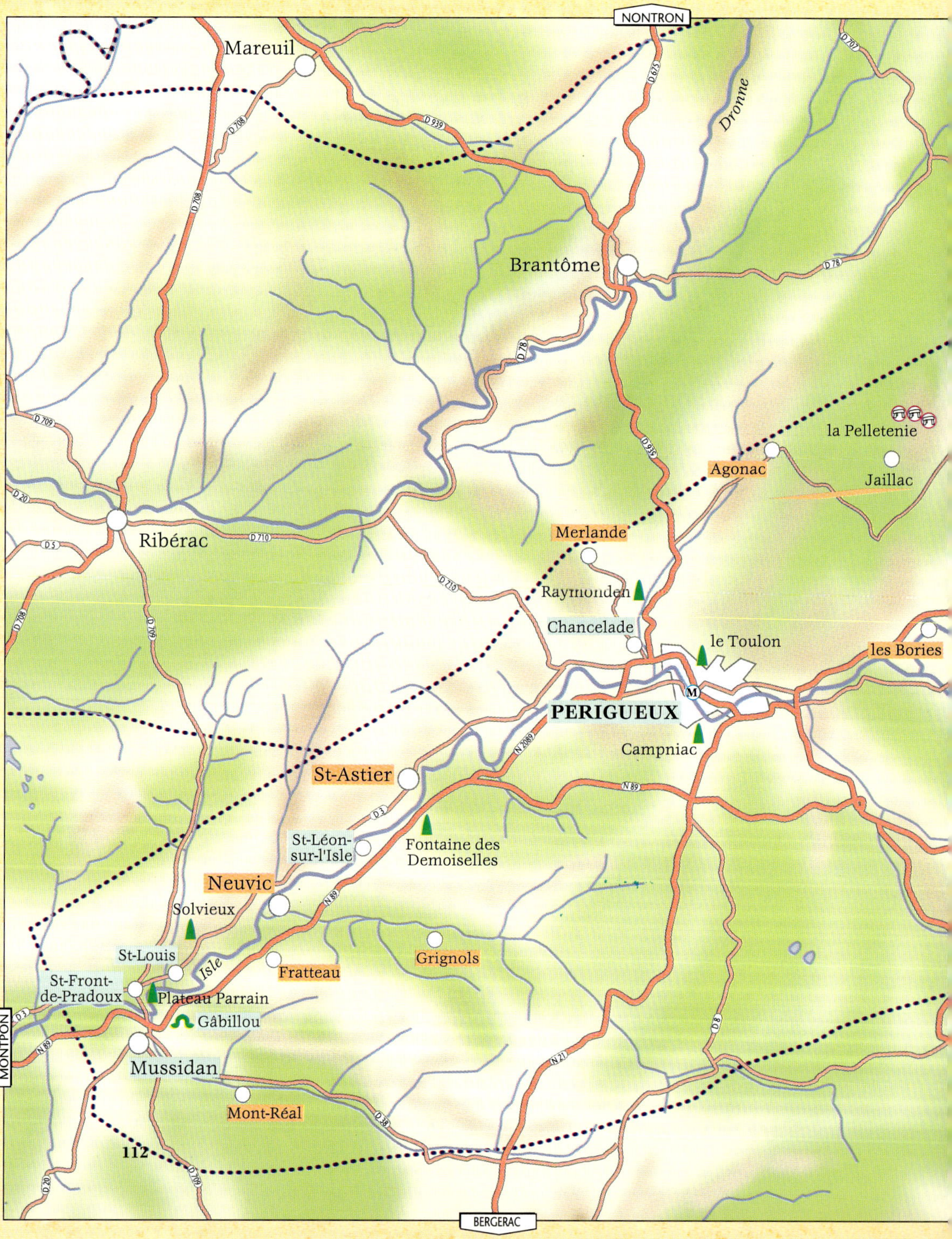

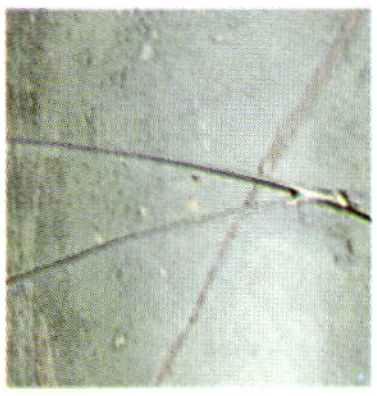

Autour de Périgueux

Itinéraire ⓫

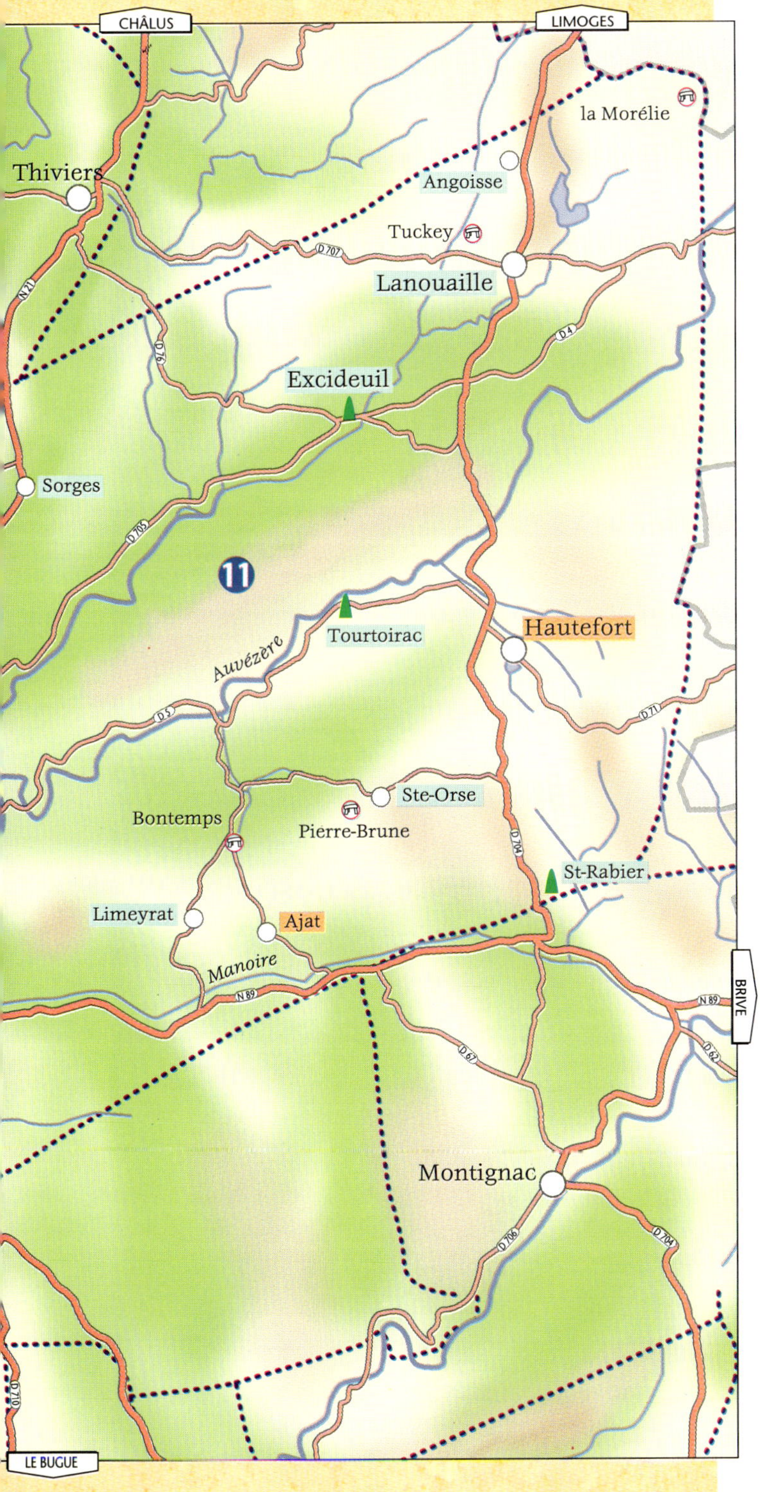

Sites ouverts au public dans la vallée de l'Isle

*Musée du Périgord, à **Périgueux**, tél. : 05. 53. 53. 16. 42.*

Office départemental de Tourisme, tél. : 05. 53. 53. 44. 35.

*Office de Tourisme de **Périgueux**, tél. : 05. 53. 53. 10. 63.*
*Syndicat d'Initiative d'**Excideuil**, tél. : 05. 53. 62. 95. 56.*
*Syndicat d'Initiative d'**Hautefort**, tél. : 05. 53. 50. 40. 27.*
*Syndicat d'Initiative de **Lanouaille**, tél. : 05. 53. 62. 17. 82.*
*Syndicat d'Initiative de **Montpon**, tél. : 05. 53. 82. 23. 73.*
*Syndicat d'Initiative de **Mussidan**, tél. : 05. 53. 81. 04. 77.*
*Syndicat d'Initiative de **Saint-Astier**, tél. : 05. 53. 54. 13. 85.*
*Syndicat d'Initiative de **Saint-Aulaye**, tél. : 05. 53. 90. 63. 74.*
*Syndicat d'Initiative de **Sorges**, tél. : 05. 53. 05. 90. 11.*

*Les promeneurs pourront descendre la vallée de l'Isle, de Périgueux à Mussidan, par le GR 646, et parcourir la région de Chancelade avec le GR 36. Si les sites préhistoriques de la vallée de l'Isle ne sont pas ouverts au public, les voyageurs pourront se rattraper en visitant de nombreux châteaux (Hautefort, Les Bories, Neuvic, Fratteau, Montréal), églises et abbayes (Tourtoirac, Chancelade, Merlande, Saint-Astier), la **vieille ville de Périgueux,** et l'écomusée de la Truffe, à Sorges.*

PÉRIGUEUX ET LA VALLÉE DE L'ISLE

Itinéraire ⓫

Autour d'Excideuil : l'Auvézère et la haute vallée de l'Isle

Affluent de la Dordogne, l'Isle, qui traverse le département d'est en ouest, par le milieu, compte peu de sites préhistoriques importants. À l'est, arrosé par la Loue, affluent de l'Isle, Angoisse cache sous un tumulus un petit dolmen, au lieu-dit La Morélie. À Lanouaille, le tumulus du Tuckey a livré un récipient et une boucle d'oreille de l'âge du fer (800 av. J.-C.). En aval, près d'Excideuil, la grotte de l'Église, fouillée dès 1869, livra, dans des niveaux solutréens et magdaléniens, des parures et un squelette d'enfant. Sur l'Auvézère, principal affluent de l'Isle, la petite grotte de Tourtoirac fut occupée à l'Aurignacien, au Périgordien supérieur et au Solutréen. Tout près, au lieu-dit Les Ourteix, un gisement moustérien de plein air a été mis au jour en 1972. Sur les coteaux, au sud de l'Auvézère, il reste à découvrir le dolmen de Bontemps, à Limeyrat, et, à Sainte-Orse, le mégalithe de Pierre-Brune qui, selon la tradition, serait un météore. À Saint-Rabier, le site du Peyrat a livré une tombe azilienne contenant les squelettes d'un homme et d'une femme. Sur la rive droite de l'Isle, Sorges dissimule trois mégalithes, près du lieu-dit La Pelletinie : le dolmen de Sorges, le dolmen de La Pelletinie, étrangement constitué de deux tables en V renversé, et le mégalithe du Clapier près de la D 8.

En page de gauche : Conservée au* musée du Périgord de Périgueux,** ***une urne à piédestal, décor graphité caractéristique du premier âge du fer en Périgord oriental.
Photo B. Dupuy.

Découvert dans la grotte de la Calévie à Meyrals, un bracelet du Bronze moyen. **Musée du Périgord, Périgueux.**
Photo B. Dupuy.

Silex taillés : nucleus levallois (en haut à gauche), grattoir convexe (en haut à droite), pointe (en bas à droite). Petite hache amulette, pointe de flèche, grattoir (en bas à gauche), Néolithique.
Musée du Périgord, Périgueux.

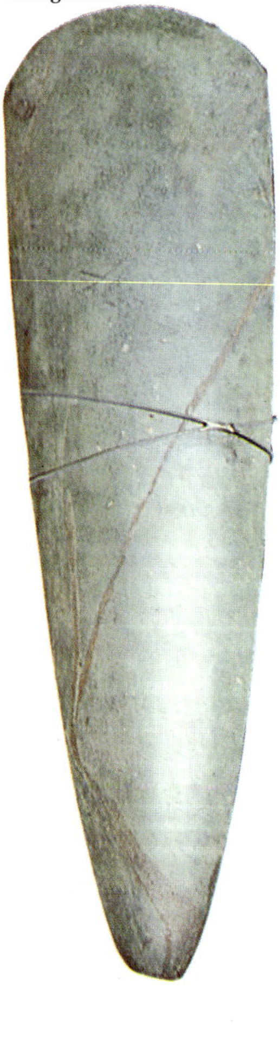

Hache polie, Néolithique.
Musée du Périgord, Périgueux.

Périgueux et Chancelade

À Périgueux, on ne manquera pas de visiter le musée du Périgord (situé allées Tourny) pour la richesse de ses collections préhistoriques, avant d'atteindre un haut lieu de la Préhistoire : Chancelade.

Outre les abris Chancelade et « Chez Pigeassou », la grotte Raymonden, non loin de l'abbaye, est un des principaux gisements préhistoriques du Périgord. C'est en effet le seul à posséder, sur deux abris, la stratigraphie complète du Magdalénien, de 15 000 à 9 000 ans av. J.-C. Féaux et Hardy y découvrirent en 1888 le squelette de l'« homme de Chancelade » contemporain de l'homme de Cro-Magnon mais de plus petite taille (1,55 mètre) et de type « esquimau ». Les très nombreuses industries lithiques et osseuses, les éléments de parure (dents, coquillages, pendeloques) et d'art mobilier (industrie osseuse gravée), permettent d'imaginer la richesse culturelle de l'homme de Chancelade.

Sur les hauteurs de Périgueux, à Coulounieix-Chamiers, la grotte de Campniac contenait des ossements humains, des haches polies, des poteries et des parures datant du Néolithique moyen et récent (± 3 000 ans av. J.-C.). La colline voisine d'Écornebœuf était encore fortement peuplée à l'époque gauloise. Au Toulon ont été trouvées une pointe de lance et une épingle datant du bronze final.

Mussidan-le-Gabillou et la basse vallée de l'Isle

En aval, à 1 kilomètre à l'est de Mussidan, à Sourzac, la grotte gravée du Gabillou est une des plus importantes de France. Seule grotte ornée de la vallée de l'Isle, ses parois très fragiles interdisent, hélas, toute visite au grand public. Elle comprend quelque 200 gravures, réalisées au Magdalénien ancien, ce qui permet de les rapprocher de Lascaux. Ses thèmes sont conventionnels : chevaux, aurochs, bisons, rennes, bouquetins et félins. On y remarque toutefois deux lièvres et deux représentations humaines intéressantes : un homme à tête et queue de bison, le « sorcier du Gabillou », et une femme vêtue d'une sorte d'anorak à capuchon. Découverte en 1941, la grotte fut étudiée par les plus grands préhistoriens, dont Breuil, Peyrony, Leroi-Gourhan et J. Gaussen. Sa décoration est parfois insolite : lièvre, chien, chat, oiseau et belette sont en effet des sujets rares de l'art paléolithique. Voisin du Gabillou, mais très éloigné dans le temps, le gisement de plein air des Tares, découvert en 1972, fut occupé par l'homme de Neandertal. Son outillage moustérien est principalement de type Quina.

Mussidan n'en a pas fini avec la Préhistoire. Outre les sites de Dauby, Saint-Georges, de La Forge et des Chatenades, Saint-Front-de-Pradoux montre, au bord de l'Isle, la station de plein air du Plateau-Parrain, occupée au Magdalénien moyen. J. Gaussen y a trouvé un fond de tente de 4 mètres sur 4,5 mètres, constitué de galets. Tout proche, à Saint-Louis-en-Isle, la station de plein air de Solvieux s'étend sur 3 hectares. On y trouve des traces aurignaciennes, périgordiennes et magdaléniennes. De vastes restes de pavage, comme au Plateau-Parrain, témoignent d'un ancien campement du Magdalénien moyen, type d'habitat qui semble spécifique à la vallée de l'Isle. À Saint-Léon-sur-l'Isle, la Fontaine de la Demoiselle est un camp fortifié datant du Néolithique récent.

***Découverte près de l'Hermitage du Toulon à Périgueux, une pointe de lance en bronze décorée.* Musée du Périgord, Périgueux.** Photo B. Dupuy.

***Racloirs et autres objets domestiques.* Musée du Périgord, Périgueux.**

Cuivre, bronze et fer, l'apparition des métaux

Vers 3 000 av. J.-C., le cuivre fait son apparition en Périgord (grotte sépulcrale chalcolithique de La Fontanguillère contenant des poignards de cuivre). Vers 2 000 ans av. J.-C., on découvre le bronze, alliage de cuivre et d'étain. Les échanges commerciaux se multiplient pour se procurer les précieux minerais. En Périgord, les témoignages de cette époque abondent : grotte sépulcrale des Partisans, à Marquay, bracelets de la Calévie, à Meyrals, trésor de Singleyrac, épées de Saint-Paul-Lizonne et de Port-Sainte-Foy, poignard du Coux, pointe de lance du Toulon, à Périgueux, dépôt de haches de Fleurac, Thonac et Vanxains, habitats de La Roque-Saint-Christophe, Rouffignac et Vauffrey. Ce n'est que 800 ans av. J.-C. que le fer va progressivement remplacer le bronze. Le Périgord, riche en minerai de fer, s'en trouve enrichi. Témoignent de cette époque, entre autres, l'habitat d'Écornebœuf, sur les hauteurs de Périgueux, et les tumulus funéraires de Lanouaille et Jumilhac-le-Grand.

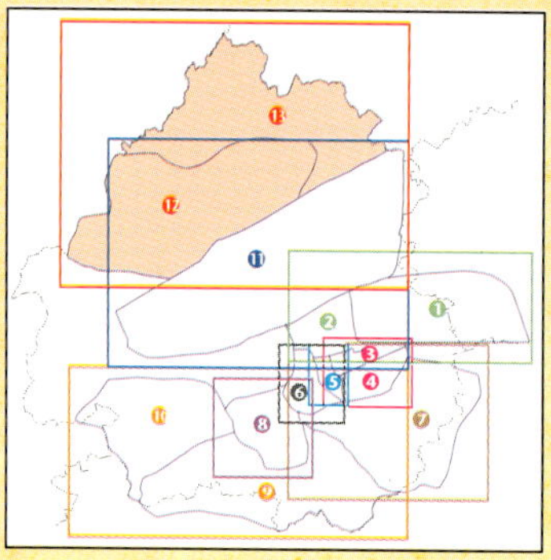

- Grotte préhistorique ornée, ou à concrétions, ouverte au public.
- Site préhistorique ouvert au public.
- Grotte préhistorique ornée (non ouverte au public).
- Autre site préhistorique.
- Mégalithe
- M — Musée présentant des collections préhistoriques
- Thiviers — Site ou localité présentant des sites préhistoriques importants
- Jovelle — Site touristique non préhistorique
- 12 — N° d'itinéraire
- Limite d'itinéraire décrit dans l'ouvrage

0 4 8 km

Cartographie ACTUAL · 03 25 71 20 20
Reproduction interdite sauf autorisation · 02/97

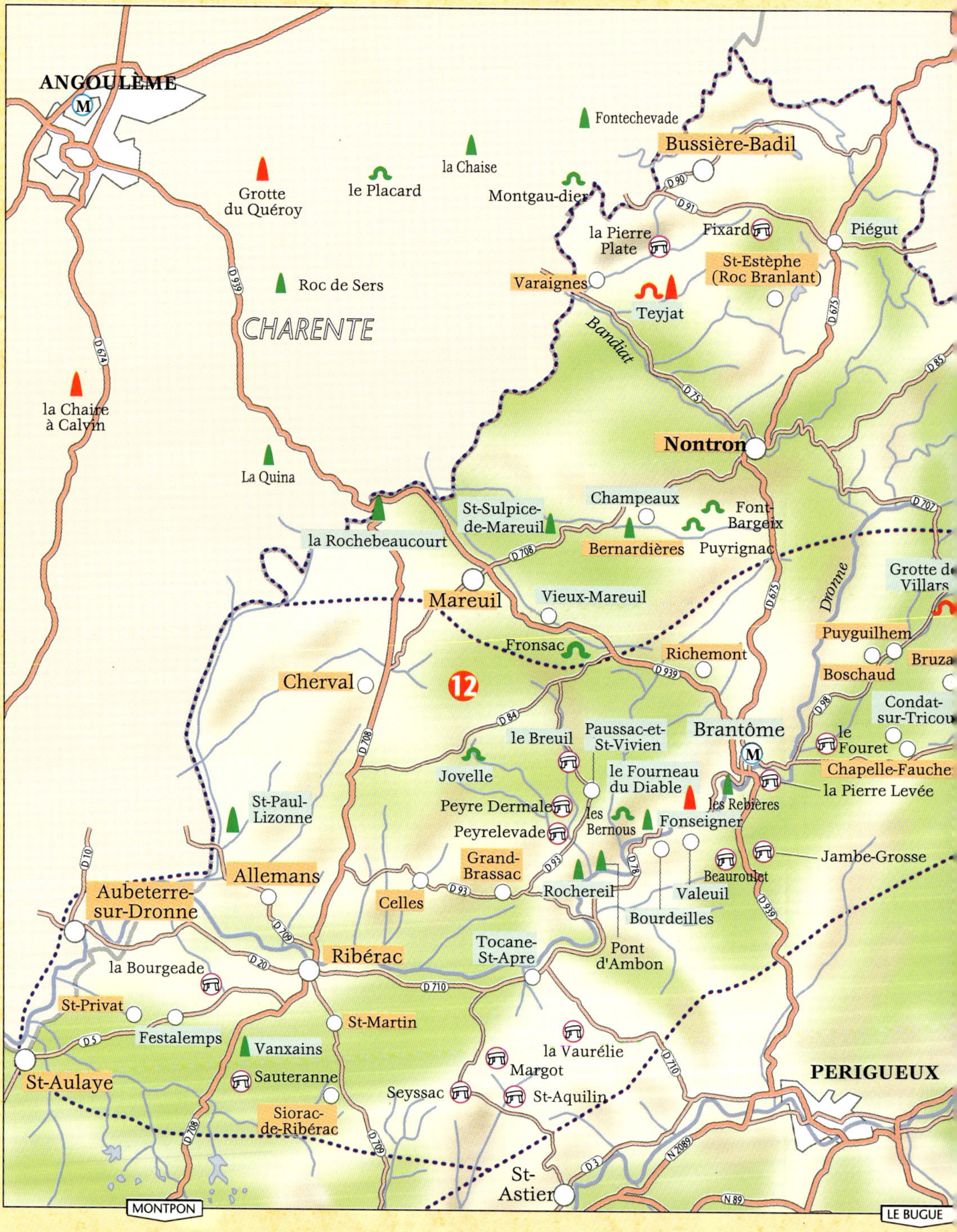

Le nord du Périgord

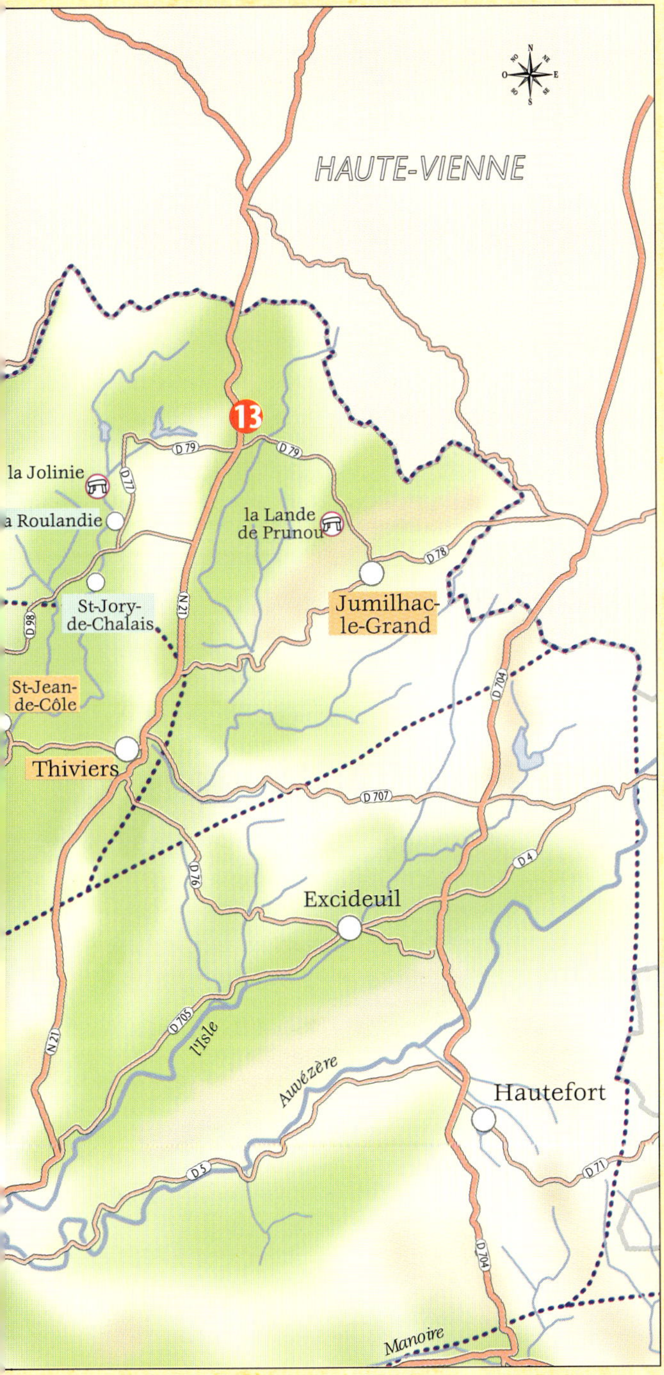

Itinéraire 12 et Itinéraire 13

Sites ouverts au public dans la vallée de la Dronne

*Grotte de **Villars**, tél. : 05. 53. 54. 82. 36.*
*Site du **Fourneau du Diable***
*Musée de **Brantôme***

*Office de Tourisme de **Ribérac**, tél. : 05. 53. 90. 03. 10.*
*Syndicat d'Initiative de **Brantôme**, tél. : 05. 53. 05. 80. 52.*
*Syndicat d'Initiative de **Bourdeilles**, tél. : 05. 53. 03. 42. 96.*
*Syndicat d'Initiative de **Villars**, tél. : 05. 53. 62. 14. 15.*
*Syndicat d'Initiative **La Coquille**, tél. : 05. 53. 52. 83. 64.*
*Syndicat d'Initiative **La Roche-Chalais**, tél. : 05. 53. 90. 18. 95.*
*Syndicat d'Initiative de **Thiviers**, tél. : 05. 53. 55. 12. 50.*
*Syndicat d'Initiative de **Verteillac**, tél. : 05. 53. 90. 37. 78.*

Le GR 436, de Villars à Brantôme, puis le GR 36 permettent de découvrir les merveilleux paysages de la vallée de la Dronne. Ouverts au public, les châteaux de Jumilhac-le-Grand, Puyguilhem, Bruzac, Richemont, La Chapelle-Faucher, Bourdeilles, l'abbaye de Boschaud, les églises romanes du Ribéracois, les villages de Saint-Jean-de-Côle, Brantôme et Aubeterre, enchanteront le visiteur.

Sites ouverts au public en Périgord septentrional

*Grotte de La Mairie, à **Teyjat***
*Abri de **La Chaire à Calvin, à Mouthiers-sur-Boëme** : s'adresser au Syndicat d'Initiative d'**Angoulême***
*Grotte du **Quéroy, à Chazelle**, tél. : 05. 45. 70. 38. 14.*
*Musée des **Beaux-Arts, à Angoulême**, tél. : 05. 45. 95. 07. 69.*

*Office de Tourisme de **Nontron**, tél. : 05. 53. 56. 25. 50.*
*Syndicat d'Initiative d'**Angoulême**, tél. : 05. 45. 95. 16. 84.*
*Syndicat d'Initiative de **Jumilhac**, tél. : 05. 53. 52. 55. 43.*
*Syndicat d'Initiative de **Mareuil**, tél. : 05. 53. 60. 99. 85.*
*Syndicat d'Initiative de **Saint-Pardoux-la-Rivière**, tél. : 05. 53. 56. 79. 30.*
*Syndicat d'Initiative de **Varaignes**, tél. : 05. 53. 56. 35. 76.*
*Syndicat d'Initiative de **Javerlhac**, tél. : 05. 53. 56. 30. 18.*

Outre les curiosités préhistoriques, le voyageur pourra visiter les châteaux de Jumilhac-le-Grand et Mareuil, les musées de Nontron et Varaignes, le donjon de Piégut, l'église de Bussière-Badil.

Grotte de Villars :
salle des bénitiers.
Photo Pub Image, Périgueux.

LA VALLÉE DE LA DRONNE : VILLARS, BRANTÔME ET BOURDEILLES

Itinéraire ⑫

La grotte de Villars

Jolie rivière qui partage le nord du département et arrose quelques-uns des plus beaux centres touristiques du Périgord, la Dronne, affluent de l'Isle, cache en sa vallée des sites préhistoriques nombreux et importants.

Village aux trois merveilles, Villars offre aux visiteurs, outre le château de Puyguilhem et l'abbaye de Boschaud, une splendeur préhistorique. Quatre kilomètres au nord-est du bourg, la grotte de Villars (ou du Cluzeau), très richement concrétionnée, est ouverte à la visite. Elle montre, outre ses remarquables concrétions, une trentaine de peintures et de gravures, vieilles de 15 000 à 17 000 ans. La grotte fut découverte en 1953, et les œuvres pariétales le furent, quatre ans plus tard, à la surprise générale, car la région est pauvre en vestiges préhistoriques. Glory et Breuil y travaillèrent tout d'abord puis Leroi-Gourhan et G. et B. Delluc. Le long du trajet d'accès se trouve un pointillé d'ocre rouge et noir. Parmi les figures les plus intéressantes, on remarquera le célèbre « cheval bleu » et, au fond de la grotte, comme à Lascaux, le dessin d'un homme attaqué par un bison. La grotte forme sur plusieurs niveaux un réseau de 10 kilomètres de long, l'un des plus importants du Périgord, avec celui de Rouffignac. Au cours de la visite de la partie aménagée, se découvre une véritable féerie souterraine : bénitiers, chaos, excentriques, cascades, cierges, plafonds de stalactites, draperies et ce, sur plusieurs centaines de mètres. L'intérêt en est rehaussé par les peintures pariétales dont certaines, peu visibles à cause des coulées de calcite, remontent à plus de 17 000 ans. La grotte porte, en outre, des traces nettes d'occupation de l'ours des cavernes. D'autres grottes se rattachent à l'ensemble de Villars : le Trou qui fume, la Carrière et quelques autres, de moindre importance.

À Saint-Martin-de-Fressengeas, près de Thiviers, a été découverte, en 1990, une grotte

Grotte de Villars :
salle des peintures.
Photo Pub Image, Périgueux.

ornée, exceptionnellement riche en vestiges intacts datés de - 1 400 à - 900 ans. Ce « nouveau Lascaux de l'âge du bronze » est en cours d'étude.

Brantôme et le vallon des Rebières

Condat-sur-Trincou montre, au lieu-dit Le Fouret, un dolmen et un menhir. Ce dernier, dans une cour de ferme, est visible de la route. À 500 mètres, dans un bois, tel un gigantesque cèpe, se découvre un beau dolmen, creusé de cupules. Un kilomètre avant Brantôme, visible de la route (D 78), le dolmen de la Pierre-Levée, un des plus beaux du Périgord, est une énorme table de 5 mètres sur 2,5 mètres, reposant sur trois pierres (dont une refaite), hautes de 1,75 mètre à 2,5 mètres. À Brantôme, le musée Desmoulin présente des outils préhistoriques provenant du site de Rochereil.

Entre Brantôme et Bourdeilles, sur 10 kilomètres, la Dronne glisse doucement le long de falaises creusées de grottes, témoignages d'une des plus fortes concentrations d'habitats préhistoriques, hors la vallée de la Vézère. À 2 kilomètres de Brantôme, le vallon des Rebières, fouillé par E. Pittard en 1906, se compose de quatre abris principaux, occupés du Moustérien au Magdalénien (100 000 à 10 000 ans av. J.-C.).

Le dolmen de la Pierre-Levée, à Brantôme.

Sur le versant sud, l'abri du Bonhomme présente plusieurs niveaux moustériens, puis une vaste occupation aurignacienne et périgordienne. D'une composition identique, l'abri des Festons montre du Moustérien sur sa terrasse inférieure, et de l'Aurignacien sur sa terrasse supérieure. L'abri Durand-Ruel (ou Rebière II) livra un abondant outillage datant de l'Aurignacien et du Périgordien supérieur. Enfin, les deux gisements de Recourbie fournirent un outillage magdalénien.

Un peu en aval, Valeuil est un centre mégalithique important. Outre le dolmen de Laprouges, on peut voir un autre dolmen, au lieu-dit Beauroulet, au bord de la D 106, et le menhir de Jambe-Grosse, dans la clairière des Coutoux, près du hameau de La Besse. À l'écart de la vallée, sur la rive droite, la commune de Paussac-et-Saint-Vivien cache trois mégalithes. Près du lieu-dit Le Breuil, se trouve le dolmen de Peyre-Rouyo et l'ensemble mégalithique de la Peyre-Dermale,

Trouvés près de Bourdeilles, les aurochs du Fourneau du Diable. **Musée National de la Préhistoire des Eyzies.**

composé d'un gros monument de pierre, de 6 mètres de long, creusé d'une niche et de deux grandes cupules irriguées, et d'un petit menhir. Visible de la route de Paussac à Saint-Vivien, sur le D 93, au lieu-dit Prézat-Haut, le grand dolmen de Peyre-Levado, dressé sur cinq supports, est l'un des plus beaux du Périgord.

Bourdeilles et le Fourneau du Diable

Bourdeilles compte également de nombreux sites préhistoriques. Outre la grotte-aven du Pey de l'Aze (Solutréen supérieur), le principal, à 3 kilomètres en amont du village, est le Fourneau du Diable (ouvert à la visite). Son replat inférieur date du Gravettien et du Solutréen récent. Sa terrasse supérieure, dont les niveaux sont du Solutréen ancien et du Magdalénien final, fut fouillée en 1924 par D. Peyrony qui y découvrit un bloc gravé, aujourd'hui au musée des Eyzies, représentant onze aurochs, dont trois très visibles, datés de 16 000 ans av. J.-C. Le site a fourni des restes d'art mobilier et des parures de diverses époques, ainsi que des dépôts de colorants (crayons d'ocre rouge et jaune et de manganèse). En amont du Fourneau, la grotte des Bernous, gravée de trois figures animales (mammouth, ours et rhinocéros), fut également fouillée par D. Peyrony. L'abbé Breuil en a daté les gravures de l'Aurignacien. Fonseigner est un gisement de plein air, découvert en 1976, qui superpose onze niveaux archéologiques de l'époque moustérienne. Enfin, le gisement du Trou de la Chèvre, fouillé à partir de 1948, se compose de la grotte de la Chèvre, de l'abri des Francillous et d'un deuxième abri. C'est un site de longue occupation. Au-dessus du Moustérien, quatre niveaux de Châtelperronien (35 000 ans av. J.-C.) en font un gisement de référence pour cette époque. On trouve ensuite plusieurs niveaux aurignaciens, qui gardent des traces de foyers, puis du Périgordien supérieur.

Rochereil et le Pont-d'Ambon : au cœur de l'Azilien

En aval de Bourdeilles, entre le bourg et la commune de Grand-Brassac, non loin du panorama de Renamon, la grotte préhistorique de Rochereil fut fouillée de 1935 à 1939. Elle a livré de l'art mobilier datant du Magdalénien final (10 000 ans av. J.-C.) et une sépulture azilienne (8 000 ans av. J.-C.). Le squelette, lui-même non carbonisé, était entouré d'un dépôt de cendres et de terre brûlée, témoignage d'un rite funéraire. Du Magdalénien, datent les quelque 2 000 pierres taillées ainsi qu'une remarquable industrie osseuse. Le niveau Azilien a révélé presque autant d'outils. À 100 mètres de là, dans l'abri du Pont-d'Ambon, les fouilles conduites par G. Célérier, depuis 1970, ont mis au jour une culture de transition entre le Magdalénien final et l'Azilien.

Jovelle-La Tour-Blanche et les mégalithes du Ribéracois

À l'écart de la rivière, à l'ouest de La Tour-Blanche, non loin des ruines du château de Jovelle, ancien quartier général du Prince Noir pendant la guerre de Cent Ans, fut découverte, en 1983, la grotte préhistorique de Jovelle, ornée de nombreuses gravures d'animaux, dont une très belle tête de bouquetin et un mammouth creusé de cupules. Ces œuvres pourraient remonter au tout début de l'art pariétal et être contemporaines de la vénérable grotte de Pair-Non-Pair, en Gironde (30 000 à 25 000 ans av. J.-C.). Aux alentours, se trouvent le gisement de La Peyzie (Magdalénien et Azilien), l'abri Brouillaud (Moustérien et Aurignacien) et le site de Sandougne (Moustérien).

Sur la rive gauche, Tocane présente, outre les gisements paléolithiques du Bos du Pic, et néolithiques du Mouréloux et de Vernode, le dolmen de la Vaurélie et, entre Tocane et Segonzac, par la route de Douchapt, le dolmen de Margot. À 8 kilomètres au sud, à Saint-Aquilin, au lieu-dit Seyssac, au bord de la route, se dresse, sur sept piliers, le beau dolmen de Pierre-Brune (ou de Belet). Des fouilles ont livré des pointes de flèche, un biface et des tessons de poterie. Saint-Aquilin cache encore le grand tumulus de Ventadou. Après Ribérac, la « si belle Dronne » borde le pays Doublaud, où Festalemps dissimule un polissoir et le beau mégalithe de la Bourgeade, tandis que Vanxains, outre les sites préhistoriques de Chancoutier, Brangélie, Javerdhat, Jarretou, Regnac, Jean-Gros et du Camp du Fournet, montre l'alignement mégalithique de Sauteranne et un atelier de l'âge du bronze. Une épée de bronze, visible au musée du Périgord, a été découverte à Saint-Paul-Lizonne.

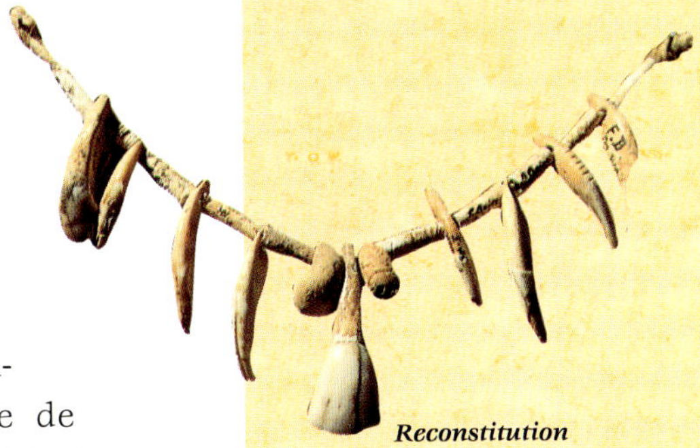

Reconstitution d'une parure en dents perforées du Fourneau du Diable, Solutréen supérieur, environ 17 000 ans av. J.-C. **Musée National de la Préhistoire des Eyzies.**

L'Azilien ou la fin du monde paléolithique

10 000 ans av. J.-C., un bouleversement climatique, qui chasse les rennes vers le nord, va provoquer la disparition rapide d'une civilisation préhistorique qui dure depuis 25 000 ans. À l'Azilien, l'art des grottes disparaît totalement, l'outil s'adapte à d'autres gibiers, de nouveaux rites funéraires apparaissent. En Périgord, les sites de Rochereil et du Pont-d'Ambon, sur la Dronne, et celui du Peyrat, à Saint-Rabier, témoignent de cette courte période (10 000 à 8 000 av. J.-C.). Pour la chasse en forêt se développe l'usage de l'arc. La taille de minuscules silex (ou microlithes), destinés à équiper les flèches, caractérise la période suivante : le Sauveterrien (8 000 à 6 000 av. J.-C.), présent au Roc du Barbeau et à Sauveterre-la-Lémance.

Le Périgord septentrional : de Nontron à Angoulême

Itinéraire ⓭

La grotte de Teyjat

Découverte en 1984, près de Vieux-Mareuil, la grotte de Fronsac abrite des graffiti sexuels datant du Magdalénien. Au nord-ouest, sur la commune de Champeaux, se trouvent les grottes préhistoriques de Puyrignac et, tout près du château des Bernardières, un site préhistorique au nom des plus évocateurs : la Grange des Putes ! En mars 1986, dans la grotte de Font-Bargeix, dont l'entrée fut aménagée en cluzeau au Moyen Âge, les spéléologues ont découvert des figurations animales datant du Magdalénien. Une hache néolithique a été trouvée à Saint-Sulpice-de-Mareuil et La Rochebeaucourt recèle un atelier de l'âge du bronze.

Au nord-ouest de Nontron, le visiteur pressé, parcourant le nord du département de la Dordogne, aurait peu de raisons de s'arrêter à Teyjat. Toutefois, il aurait tort de ne point y faire halte, car Teyjat possède un véritable trésor, vieux de plusieurs millénaires : une grotte préhistorique ornée, ouverte au public. Située en plein cœur du village, entre l'église et la mairie (d'où son nom : grotte de la Mairie), sa partie ornée a été aménagée. L'aspect fruste du reste de la grotte donne au visiteur l'impression de se retrouver aux temps héroïques des premiers découvreurs.

Passé le sas d'entrée, sur la gauche, sur une dizaine de mètres, se découvrent, sur des dalles de calcite et sur une coulée stalagmitique, une quarantaine de fines gravures réparties en six panneaux. La grotte fut étudiée dès 1880, mais ce n'est qu'entre 1903 et 1905 que Peyrony les découvrit et qu'elles furent étudiées par l'abbé Breuil. Chevaux, cerfs, rennes, bisons, ours et bovidés ont été datés du Magdalénien final, soit environ 10 000 av. J.-C. Le sol a d'ailleurs livré un outillage de la même époque indiquant que ce site est à rapprocher de ceux de l'Angoumois voisin. La pointe de Teyjat est caractéristique du Magdalénien supérieur. Le style très achevé et réaliste des gravures (la frise des bovidés du dernier panneau est à juste titre célèbre) marque l'apogée de l'art pariétal du Paléolithique. Au fond de la grotte, un puits donne accès à un étage inférieur et à un ruisseau souterrain. À 50 mètres de la grotte, l'abri Mège fut occupé au Magdalénien. Sans prétendre rivaliser avec Font-de-Gaume ou les Combarelles, Teyjat mérite la visite des amoureux de la Préhistoire. À cet égard, une meilleure signalisation routière pourrait y attirer le public qu'elle mérite. On peut encore voir les restes d'un dolmen au lieu-dit Veaubrunet : le dolmen de la Pierre-Plate.

Il reste encore à découvrir, à Piégut, le menhir de Fixard et à Saint-Jory-de-Chalais, au lieu-dit La Roulandie, en bordure de la D 77, le grand dolmen de La Jolinie, long de 4 mètres. Les cupules qui le creusent seraient la trace du cheval d'Hérode qui poursuivait la Sainte Famille, celle-ci s'étant cachée sous le dolmen. À Jumilhac-le-Grand, le tumulus de La Lande de Prunou abrite des restes funéraires de l'âge du fer.

Incursion en Charente

La Préhistoire ne s'arrête pas aux portes du Périgord. En pénétrant en Charente, les rivières Bandiat et Tardoire se bordent de sites préhistoriques de première importance. La grotte de Montgaudier, à Montbron, et celle du Placard, à Vilhonneur, portent des gravures datant du Magdalénien final (11 000 av. J.-C.). Les grottes et abris de La Chaise, à Vouthon, et la grotte de Fontéchevade, à Orgedeuille, abritent des restes du Moustérien, et même du Tayacien (- 200 000 ans) pour cette dernière. La grotte sépulcrale de Rancogne, quant à elle, est du bronze final (2 500 av. J.-C.). À Chazelle, la grotte du Queroy, ouverte au public, montre des témoignages de l'Artenacien (fin du Néolithique, 4 000 av. J.-C.) jusqu'à la civilisation de La Tène (âge du fer, 500 av. J.-C.). L'Artenacien tire justement son nom de la grotte sépulcrale d'Artenac, à Saint-Mary, un peu plus au nord. Non loin, à La Rochette, la grotte sépulcrale des Duffaits date de l'âge du bronze.

Un peu plus au sud, à Sers, le vallon du Roc, occupé à l'Aurignacien et au Périgordien, a livré une sépulture solutréenne. Il recèle l'abri du Roc de Sers où, en 1927, ont été découverts une vingtaine de blocs gravés il y a 17 000 ans. Au sud d'Angoulême, à Mouthiers-sur-Boëme, l'abri sculpté de La Chaire à Calvin, ouvert à la visite, montre une frise de chevaux datant du Magdalénien ancien, 15 000 ans av. J.-C. Non loin la grotte des Rois et l'abri des Vachons furent occupés à l'Aurignacien. Tout près de la frontière périgourdine, sur la commune des Gardes, le gisement de La Quina, fouillé à partir de 1906, et qui a livré les restes de 27 Néandertaliens, a donné son nom à une des cultures du Moustérien. En quittant le nord du Périgord, sur moins de 20 kilomètres, on trouve ainsi en Charente un résumé complet de la Préhistoire.

***Épée gauloise en bronze : ici prend fin la Préhistoire.* Musée du Périgord, Périgueux.**

Index des sites préhistoriques répertoriés dans le texte

(**en gras** : sites ouverts au public)

Musées présentant des collections préhistoriques

Nous remercions vivement tous les propriétaires des sites qui nous ont prêté des photos
pour l'illustration de cet ouvrage.

Table des matières

Conception graphique : Terre de Brume
Crédit photographique
4e de couverture en bas à droite : *Vénus de Laussel conservée au musée d'Aquitaine, Bordeaux, France, non droits réservés*

ISBN 2 7373 2258 8 - Dépôt légal : mai 1997 - N° d'éditeur : 3646. 02.03.01.99
Imprimé par Mame imprimeurs à Tours (37)